上海教育丛书

陆伯鸿 等 / 著

走向深度的上海教研

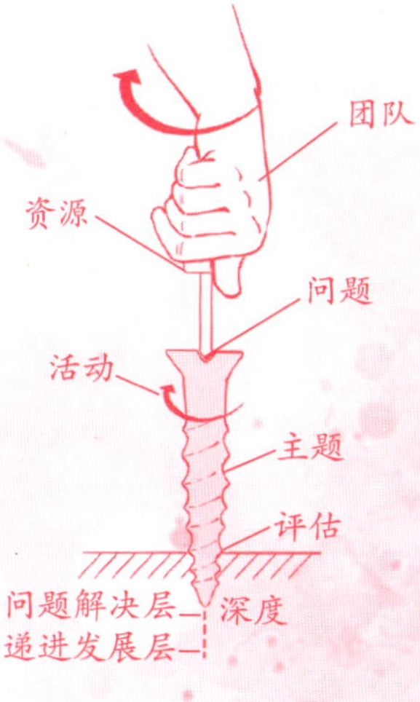

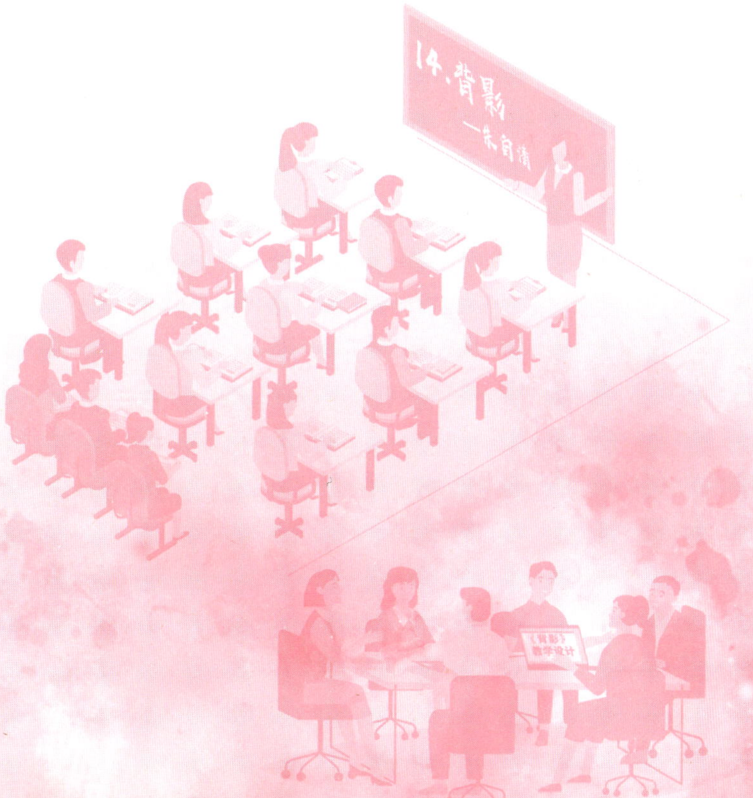

上海教育出版社
SHANGHAI EDUCATIONAL PUBLISHING HOUSE

《上海教育丛书》编委会

顾　　问　姚庄行　袁　采　夏秀蓉　张民生
　　　　　　于　漪　顾泠沅
主　　编　尹后庆
副 主 编　俞恭庆　徐淀芳
编　　委（以姓氏笔画为序）
　　　　　　王　浩　仇言瑾　史国明　孙　鸿
　　　　　　苏　忱　杨振峰　吴国平　宋旭辉
　　　　　　邵志勇　金志明　周　飞　周洪飞
　　　　　　郑方贤　赵连根　贾立群　缪宏才

《上海教育丛书》历届编委会

1994 年至 2001 年

主　　编　吕型伟

副 主 编　姚庄行　袁　采　张民生　刘元璋（常务）

编　　委　于　漪　刘期泽　俞恭庆　江晨清　陆善涛　陈　和
　　　　　　樊超烈

2002 年至 2007 年

主　　编　吕型伟

副 主 编　姚庄行　袁　采　张民生　刘元璋　夏秀蓉　樊超烈

编　　委（以姓氏笔画为序）
　　　　　　于　漪　王厥轩　尹后庆　冯宇慰　刘期泽　江晨清
　　　　　　陆善涛　陈　和　俞恭庆　袁正守

2008 年至 2014 年

顾　　问　李宣海　薛明扬

主　　编　吕型伟

执行主编　夏秀蓉

副 主 编　姚庄行　袁　采　张民生　尹后庆　刘期泽　于　漪

编　　委（以姓氏笔画为序）
　　　　　　王厥轩　王懋功　仇言瑾　史国明　包南麟　宋旭辉
　　　　　　张跃进　陈　和　金志明　赵连根　俞恭庆　顾泠沅
　　　　　　倪闽景　徐　虹　徐淀芳　黄良汉

总 序

建设一流城市,需要一流教育。办好教育,最根本的是要建设好教师队伍和学校管理干部队伍。

在长期的教育实践中,上海市涌现了一大批长期耕耘在教育第一线呕心沥血、努力探索,积累了丰富经验的优秀教师;涌现了一批领导学校卓有成效,有思想、有作为的优秀教育管理工作者。广大优秀教育工作者教育教学和管理工作的经验,凝聚着他们辛勤劳动的心血乃至毕生精力。为了帮助他们在立业、立德的基础上立言,确立他们的学术地位,使他们的经验能成为社会的共同财富,1994年上海市领导决定,委托教育部门负责整理这些经验。为此,上海市教育局、上海市中小学幼儿教师奖励基金会组织成立《上海教育丛书》编辑委员会,并由吕型伟同志任主编,自当年起出版《上海教育丛书》(以下称《丛书》)。1995年上海市教育委员会成立后,要求继续做好《丛书》的编辑出版工作。2008年初,经上海市教育委员会领导同意,调整和充实了《丛书》编委会,并确定夏秀蓉同志任执行主编,协助主编工作。2014年底,经上海市教育委员会领导同意,调整和充实了《丛书》编委会,确定尹后庆同志担任主编。至2022年3月,先后共编辑出版《丛书》139册。《丛书》的内容涵盖了基础教育和中等职业教育的各个方面,包含有较高理论水平和学术价值的著作,涉及中小学教育、学前教育、师范教育、职业教育、校外教育和特殊教育,以及学校的领导管理与团队工作,还有弘扬祖国优秀文化、促进国际教育交流等方面的著作,体现了上海市中小学教育改革与发展的轨迹,体现了上海市中小学教育办学的水平与质量,体现了优秀教师和教育工作者的先进教育思想与丰富的实践经验。《丛书》出版后,受到广大教师、教育工作者及社会的欢迎。

为进一步搞好《丛书》的出版、宣传和推广工作,对今后继续出版的《丛书》,我们将结合上海教育进入优质均衡、转型发展新时期的特点,更加注重反映教育改革前沿的生动实践,更加注重典型性、实用性和可读性。希望《丛书》反映的教育思想、理念和观点能起到抛砖引玉的作用,引发大家的思考、议论和争鸣;更希望在超前理念、先进思想的统领下创造出的扎实行动和鲜活经验,能引领当前的教育教学改革工作,使《丛书》成为记录上海教育改革历程和成果的历史篇章,成为广大教师和教育工作者的良师益友。限于我们的认识和水平,《丛书》会有疏漏和不尽如人意之处,诚恳地希望广大读者提出宝贵意见,帮助我们共同把《丛书》编好。

《上海教育丛书》编委会

2022 年 3 月

序
PREFACE

教研制度作为在中国本土生长起来的独特经验,是中国特色社会主义教育制度的重要组成部分,是提升教师教学水平、减少各层次课程转化时的"落差"、提高教育质量的机制性保障。教研针对国家课程转换落地过程中的问题开展研究,采用现场指导、网络指导、文本指导三种基本方式履行指导职能,达到促进教师专业成长和提高学校课程与教学质量的初衷。以研究为基础,提炼和传播优秀教师的经验,形成团队智慧,满足教师专业成长需要,是提升课程与教学质量的机理。

上海教研在70多年发展历程中,始终与时俱进,自觉转型,以提升区域课程与教学质量为己任,服务学校教育教学、服务教师专业成长、服务教育管理决策、服务学生全面发展,并不断思考教研价值、教研方法、教研机制,拓展研究领域,建构教研实践范式。

近10多年来,上海教研以"教好每一位学生、成就每一名教师、办好每一所学校"为价值追求,以主题教研、项目研究、网络教研、课程教学调研等为抓手,围绕课程建设、教学改革、评价改革、技术融合等关键领域,从建立规范和标准、技术支持教研、探索实证教研突破,规范与改革相结合,履行研究、指导、服务职能,实现教研创新,有效支撑上海基础教育课程教学改革,取得了显著成效,并在成事中成人,促进了教研员的专业发展。

在教研转型的实践探索中,上海教研提炼了教研高质量课程教学的机理,即围绕国家课程高质量转化落地的职能,发挥团队智慧,通过理论与实践相结合的经验提炼研究,让经验得到传播和分享,让教研活动参与者和组织者共同经历从普通到卓越的全过程。由此构建了上海教研实践范式,即在价值取向的指引下,建立了以内容范畴为载体,以研究方法为支撑,以运行机制为保障的常态化运作方式。在该实践范式引导下,上海市、区、校的教研员和教师以规范的流程、实证的方法、指导性的规格,开展各级各类的主题教研活动。

随着新时代基础教育课程改革不断深化,上海教研不断自我审视,深化发展:一是更加重视教研活动目标与教学改革导向和教学实践问题的关联,吸引教师主动积极参与教研活动,增强教师参与教研活动的亲近感,呈现对教师专业发展的高位引领;二是更加重视教研活动内容的挑战性、生成性,促进教师对教研活动内容的深刻体验、深入思考、深度实践;三是更加重视教研活动过程的规范性和进阶性,研发多种教研工具引导教研活动过程的科学、规范、有序,让教研活动质量外显可测,增强教师对教研活动的获得感;四是更加重视证据与经验相结合教研方法,常态化推进基于证据的教研,通过数据发现问题、解析过程、分析成效、指导改进、形成成果。上海教研在从"基于规范"走向"品质提升"的过程中,完成了对"上海教研实践范式"的迭代升级,开启了走向精准、指向深度的教研探索与实践。

本书可以说是一本构建、解析、应用深度教研开展教学研究活动的实践性操作指南,涵盖了教研现状分析、理论溯源、概念解析、模型架构、评估实践、工具应用、实例分享等内容版块。启发性的图文故事和真实的案例将深度教研的理念变为现实,指引市区教研员、教师及广大教育工作者在理解、学习、内化中实现"五个走向"的进阶。

从"概念"走向"运作"。深度教研的构建,旨在把握教研的本质属性,推动教研活动朝着科学、规范、有序、深入、高效的方向发展。本着"问题是科学研究的起点"的原则,本书将视角聚焦在探讨"教研深度"的问题,进而围绕教研的概念、活动的设计与实施、教师的专业发展等,形成了认识与操作相结合的深度教研运作模式和机制。

从"要素"走向"模型"。要素是构成事物的必要因素,为了研究和解决实际问题,本书抓住了教研活动主要因素,立足"团队""资源""问题""主题""活动""评估"等六个基本要素,通过构建模型把教研的内容和过程图示化。当无形且抽象的思考方法变成了有形的具体脉络与架构时,教师便知晓了教研活动的运作过程,为其有序、扎实地开展教研活动建立了实践依据。

从"评论"走向"评估"。一般的教研活动中都有研讨、总结、反思的环节,传统的"基于经验"的评论多为针对活动的环节、内容、观点等进行主观或客观的自我印象阐述。教研转型后"基于经验和证据相结合"的评估,更加关注科学、客观、有效地获取信息,更加强调评估与活动进程相依同行、伴随跟进,更加重视通过"质性"和"量化"相结合的综合评估来推动教研反思与教学改进。

从"支架"走向"工具"。搭建有效的"支架",是帮助教师开展有效教研的关键行动。在教研实践中,业已产生了诸多"支架"。本书对已有的教研"支架"从功能、形式、类别等多方面进行系统化改造、完善、充实,形成教研"工具"。这些"工具"针对教师的需求、活动的需要,有助于教师经历和参与教研活动全过程,有助于教师深刻体验、深入思考、深度实践。如匹配教研活动全流程研制教研工具,为校本教研搭桥引路,引导教师在不同的阶段关注教研准备、现场观察、活动反思等。又如匹配不同的教研场景研制教研工具,引导教师聚焦关键,记录证据,为反思和教学改进提供有效的数据支持。这些工具加速了各级各类教学研究者将"经验时代"的教研状态转变成"实证教研"的深度教研状态。

从"被动教研"走向"主动教研"。以往的教研,更多是"自上而下"的教研。这种教研往往会使教研内容与教师在教学实践中遇到的问题脱节,教师往往也是为完成教研任务而参加教研活动。深度教研首先要突破的是增强教研活动目标与教学改革导向和教学实践问题的关联,吸引教师主动积极参与教研活动,增强教师参与教研活动的亲近感。为此需要采用自上而下与自下而上相结合的路径,强化教研活动的导向性、针对性、挑战性、成效性,激发教师参与教研活动的主动性、能动性,进而实现教研活动的深入性和持续性，以专业的方法和精进的技术引领教师的专业发展。本书从实践研究的角度呈现了部分学科的深度教研活动实例，对那些正努力在教学研究中想做出改变的基层学校来说，是一份可资借鉴的实用材料和可供参考的指导材料。

在走向"深度"的教研征途中，我们有着扎根于中国大地、融合课程改革理念和教育教学实践创生出来的天然基础，也肩负着"道阻且长，行则将至"的创新发展重任。教研的研究与实践，应立足于自上而下地把国家的教育政策要求、先进的教育教学理论引入现实课堂，又能自下而上地把更多优秀的育人经验加以研究提升，不断发挥其作为"课改中枢"的重要价值。深度教研的探索与发展也将坚持适变应变与共同发展的教育观，以工具应用为抓手，借力数字化转型，探究教师智能研修模式，开拓教研改革创新之路，助推高品质教研和高素质教师队伍的建设与发展！

徐淀芳

2022 年 7 月

目录 CONTENTS

第一章 深度教研实践价值 / 1

图说教研 / 2
  曾子守信的自律故事 / 2

细话教研 / 3

  第一节 上海教研现状与问题 / 3
    一、影响教研活动质量的主要因素 / 4
    二、教师参与教研活动的现实状态 / 5

  第二节 深度教研内涵与意义 / 6
    一、"深度教研"的提出 / 6
    二、深度教研中的"深度" / 6

  第三节 深度教研特点与导向 / 8
    一、指向真实问题 / 8
    二、规划教研主题 / 9
    三、设计系列活动 / 9
    四、精准专业指导 / 10
    五、助推教师成长 / 10

  第四节 深度教研发展与趋势 / 11
    一、教研工作的"判断力" / 12

二、教研团队的"组织力" / 12

三、教研工作的"创新力" / 13

第二章 深度教研运作模型 / 15

图说教研 / 16

"$x+y=1$"显示的合作模型 / 16

细话教研 / 17

第一节　深度教研螺钉模型 / 17

一、螺钉模型的一般描述 / 18

二、深度教研的基本判定 / 19

第二节　螺钉模型操作要点 / 23

一、以"团队"与"资源"为活动前提 / 24

二、以"问题—主题—活动—评估"为运行路径 / 25

第三节　螺钉模型应用实例 / 28

一、"同课异构"到"同课再构"的教研活动 / 28

二、"同单元命题异构"到"同单元命题重构"的教研活动 / 34

三、实例综述 / 36

第三章 深度教研质量评估 / 39

图说教研 / 40

白煮蛋到茶叶蛋的迭代递进 / 40

细话教研 / 41

第一节　深度教研评估概述 / 41

一、主题与内容 / 42

二、角色与互动 / 42

三、反思与激励 / 43

第二节　深度教研"模型评估" / 43
　　一、"三度"模型的框架结构 / 44
　　二、"三度"模型的运作过程 / 45
　　三、"三度"模型的应用实例 / 51

第三节　深度教研"质性评估" / 56
　　一、深度教研"质性评估"的框架设计 / 57
　　二、深度教研"质性评估"的应用实例 / 58

第四节　深度教研"综合评估" / 63
　　一、深度教研"综合评估"的框架设计 / 63
　　二、深度教研"综合评估"的应用实例 / 66

第四章　深度教研工具研发 / 77

图说教研 / 78

　　受迫振动实验的联动装置 / 78

细话教研 / 79

　　第一节　深度教研工具概述 / 79
　　　　一、教研工具 / 80
　　　　二、深度教研工具 / 81

　　第二节　深度教研通用工具 / 82
　　　　一、通用工具的设计 / 83
　　　　二、通用工具的应用 / 89

　　第三节　深度教研专用工具 / 91
　　　　一、策划活动场景中专用工具的设计与应用 / 92
　　　　二、推进活动场景中专用工具的设计与应用 / 96
　　　　三、评估活动场景中专用工具的设计与应用 / 112

第五章　深度教研应用推进 / 117

图说教研 / 118

　　历尽艰险的西行取经 / 118

细话教研 / 119

　　第一节　初中英语学科深度教研 / 119

　　　　一、专题研究：提升教师参与教研活动的动力 / 119

　　　　二、案例列举："提升学生自主阅读能力"主题教研活动 / 130

　　第二节　中学化学学科深度教研 / 156

　　　　一、专题研究：螺钉模型引领教研活动的实践探讨 / 156

　　　　二、案例列举："二次课堂教学实践"系列教研活动 / 168

　　第三节　中学信息科技学科深度教研 / 174

　　　　一、专题研究：深度教研评估框架设计 / 174

　　　　二、案例列举："三度"主题教研活动 / 180

　　第四节　中学综合研究的深度教研 / 196

　　　　一、专题研究1：教研活动"参与度"的实践研究 / 196

　　　　二、专题研究2：深度教研工具的应用研究 / 210

　　　　三、案例列举：聚焦"思维成长课堂模型"构建的主题教研活动 / 223

参考文献 / 235

后记 / 237

第一章

深度教研实践价值

图说教研

曾子守信的自律故事

曾子是孔子的弟子,他以修身和孝行著称于世。有一天,曾子的妻子去赶集,孩子哭着也要跟着一起去,妻子对孩子说:"你在家里待着,我回来后,给你杀猪炖肉吃。"妻子赶集回家后,看见曾子准备杀猪,就忙劝阻说:"我说杀猪是哄孩子玩的,你不必当真。"曾子则说:"如果不杀猪,那就是欺骗孩子,也是教孩子说谎。"他坚持把猪杀了,兑现了妻子的许诺,以身作则教育孩子诚信做人

图1-1 曾子杀猪

(图1-1)。曾子为人处事守信重诺,他的高尚人品为后世所敬仰。

人品一般是指人的品质,反映其品行和素质。教研品质关乎教师素质,系于教研质量,教研活动质量与教师专业发展共同体现教研品质。新时代对学科教研工作提出了更高的要求,提升教研品质是根本。组织实施高品质的教研活动,是教研工作的必然追求。

细话教研

上海教研在从"基于规范"走向"品质提升"的探索实践中,逐步明晰了深度教研的概念定义、操作方法和应用路径。深度教研旨在提升教研品质及实效,为基层学校开展主题引导下的系列化、进阶性、深层次的高质量教学研究活动提供理论指导和实践引领。

指向精准、走向深度,是上海教研发展的现实要求。要努力创新教研工作方式,着力将教研活动的组织、实施以及效果评估等各项任务真正落到实处,展现教研活动的立意有高度、研讨有深度、攻坚有力度,发挥教研活动对课程教材改革的聚力推动作用,以及对教师专业发展的精准指导作用。

以下细话教研,探讨深度教研的实践价值。

第一节 上海教研现状与问题

随着课程教材改革的发展和教研转型的推进,我们重新审视上海教研的现状,又发现了一些需要研究和解决的新问题。例如,教研活动的主题如何更加鲜明,如何让教研活动产生持续探索、研究的效应。针对教研的现实问题和发展需求,上海市教育委员会教学研究室(简称"市教研室")提出了一些关于改进教研活动组织实施的意见。对教研活动的组织,要求明确"主题",围绕主题开展教研活动;对主题教研活动的设计,要求增强"系统性"和"规范化"。并且强调,主题教研活动的时空由策划、实施、评估等组成,要明晰活动流程,设计教研工具,用教研工具支持教师参与教研活动。同时又提出,对教研活动的实施以及效果评估等,要着眼教研活动的内涵,聚焦教研活动的整体设计和规范操作,加强对教研活动质量的评估和分析,提升教研活动质量。

在市教研室有关改进教研活动组织实施的意见引导下,我们对"深度教研"从理论诠释到实践运用展开了研究,通过提升教研深度促进教研质量提高。

我们对于深度教研的研究,是从调研起步的。前期的调研过程,使我们加深了对深度教研重要性的认识,明确了研究的基本思路。

教研活动是开展课程教材改革的支撑点,是促进学科教育发展和教师专业发展的有效途径,因此关注教研活动质量势在必行。前期进行的调研,重点是了解影响教研活动质量的主要因素和教师参与教研活动的现实状态。

调研工作在 2016 年 6—8 月进行,调研对象是上海市各区的中小学教师和教研员。其中,参与调研的教师有 7150 名,教研员有 758 名。

一、影响教研活动质量的主要因素

该项调研采用问卷形式。被调查者对问卷所列举的影响教研活动质量的各个因素,在"完全同意""基本同意""基本不同意""完全不同意"四个选项中,根据自身的实际感受逐一作出相应判断后作答。调查结果如图 1-2 所示。

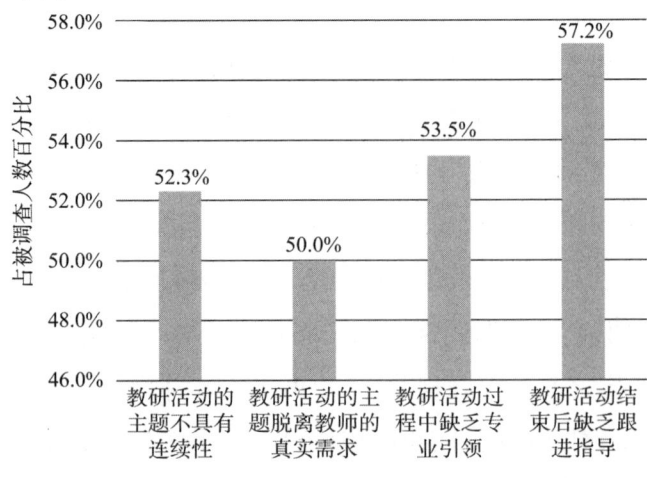

图 1-2 教师对"影响教研活动质量的主要因素"的认识

统计结果显示,对所列"教研活动的主题不具有连续性""教研活动的主题脱离教师的真实需求""教研活动过程中缺乏专业引领""教研活动结束后缺乏跟进指导"这四个因素,教师选择"完全同意"或"基本同意"选项的比例分别为52.3%、50.0%、53.5%、57.2%,均达到总调查人数的一半或以上。由此可见,这四个因素都是影响教研活动质量的主要因素。

二、教师参与教研活动的现实状态

调查问卷按教师在参与学校常设教研活动中"主动发表观点"的情况,设立"总是""经常""一般""偶尔""从不"五个状态选项;针对教师参与市、区教研活动的情况,设立"学习、倾听者""积极参与讨论者""发言或作报告者""执教者""其他"五个状态选项,统计结果摘要如图1-3所示。

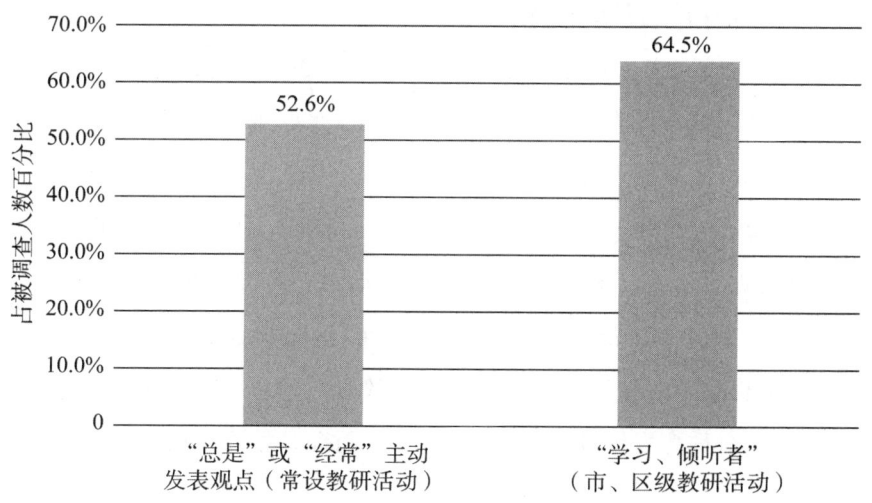

图1-3　教师参与教研活动的现实状态

在常设教研活动中,选择"总是"或"经常"主动发表自己观点的教师,占比为52.6%,这说明还有近一半的教师不太愿意在教研活动中主动发言。

在市、区级教研活动中,64.5%的教师表示自己是以"学习、倾听者"

的身份参与整场教研活动,可见大多数教师参加这两级教研活动的目的在于倾听和学习。

上述情况表明,提升教研活动质量,应重点关注教研主题的导向和活动环节的设计,关注教师的参与度和主体作用的发挥。同时也说明,对深度教研开展研究是非常必要的,而如何正确认识、务实评价教师的参与度和深度教研目标的有效达成,是这一研究需要解决的关键问题。

第二节 深度教研内涵与意义

开展深度教研,应体现教研深度的内在要求,指向教研质量的提高。

一、"深度教研"的提出

"深度教研"这一概念的提出,有一个认识逐步深化的过程。在教研实践中,可看到常设教研活动存在某些不足,比如规范性不够、缺乏发展的持续性等,于是就对主题教研活动强调了规范性、持续性等要求。然而,讲究规范的教研并不等同于讲求品质的教研,于是又提出了重视教师参与教研活动的自主性、获得感以及活动对教师专业发展的导向性等更高要求。随着认识逐步深入,"深度教研"这一概念被正式引入,而且认定它是有品质的教研。组织开展深度教研活动,可以提高教研活动质量,促进学科教育发展和教师专业发展,从而提升教研品质。

二、深度教研中的"深度"

1. 教研的"深度"

教研的"深度"是指教研活动各要素的表现都很到位,这是从关注活动规格的角度进行审视的;教研活动各要素的设计都有层次性,且实施时至少应有一个要素的表现达到了深层次,这是从关注活动品质的角度进行审视的。关注规格和关注品质,都是"深度"的应有之义。

由此可知,在推进深度教研时,应重视活动规格的达成,同时关注活动品质的期待;应强调落实基本要求,同时合理把握较高要求。而在评判教研深度的层级时,必须综合考察其活动规格和活动品质的表现,这样才能完整获得将层级定为"基本要求"还是"较高要求"的现实依据。

还须指明,在教研活动设计中,应审慎预设教研活动的层级,这时可从关注教研深度着眼,不仅注重规范,而且讲求品质。要确认相关教研活动是市、区、校中的哪一类,明确预设的教研层级是哪一层,同时对教研群体作一些分层分类的研究,并注意不同层次的教师其需求不一样,这些内容都要认真思考。

2. 教研"深度"的体现

深度教研活动中的"深度",主要体现在以下四个方面:

(1) 教研内容显"深度"

教研活动的内容由关注"学科知识"转到关注"学科思维",由单一的"学科思维"转到跨学科的"共性思维"。这样的教研,才能发挥其真正的意义和价值,从而促进课堂教学效能切实提升。

(2) 教研形式显"深度"

教研活动有明确的主题,其过程呈现"建构→验证→再构→自主推进"的螺旋式上升的特点。比如主题教研活动,其主要流程为"问题确定—教研共同体建立—群体共同学习—交流分享—教研实践(课堂观察)—集体反思—教研再实践—研究成果展示"。

(3) 教研方法显"深度"

采用适当的教研方式方法,充分发挥教研主体的积极性和能动性,加强同伴互助和交流合作。通过"主动参与、多向交流、充分互动、深度研讨"等,活动参与者从内心深处产生思考、共鸣等,其学科素养从过程和结果上就会得到明显提升。

(4) 教研效果显"深度"

教师所获得的体验具有深刻性,所以应特别重视教研活动的发展动力、影响力、吸引力和活力,使教研活动充满生命力并持续深入,教师从中得到很大激励并且有深刻体悟。

综上所述,开展深度教研,就是在主题教研活动强调的主题引领、流程规范、工具支持等要求的基础上,重点关注教师的参与水平,提升教研深度。也就是,要通过教研主题的结构化处理、教研活动的系列化设计,以及展现教研活动的持续性、进阶性,注重教师的参与度与获得感等,着力将教研活动的设计、组织、实施以及效果评估等各项任务落到实处,以期显著提高教研活动的质量,促进教师的专业成长与发展。

第三节 深度教研特点与导向

深度教研是指在教研主题引导下,展开系列化、深层次、进阶性的持续研讨,进而卓有成效地解决有关教学问题的实践研究。深度教研的实施,强调参与者充分发挥主体性和能动性,锲而不舍地求真,和谐有序地推进,以达到深入解析教研主题、有效落实系列活动及环节、切实提升教师能力的目的。

深度教研有如下基本特点,这些特点对于组织实施教研活动具有重要的实践导向意义。

一、指向真实问题

教研活动的出发点和归宿,就是解决教育教学中存在的矛盾和问题,因此要强化"问题导向"的教研意识和教研观。在教研活动中展开深度教研,需要具有敏锐的专业眼光,准确把握政策要求与时代需求,并从生动的中小学教育教学实践中寻找需要破解的真实问题,根据教研的对象范围遴选具有典型性、共通性的问题,判断这些问题中哪些是亟待解决的新问题,哪些是尚未解决的老问题;然后运用调研、分析等实证方法,从中梳理出当前应重点关注的问题,找准教研活动新的生长点。

着力解决教师关切的问题、真实的问题、实际的问题,这样的立意体现了深度教研的求实性与针对性。

二、规划教研主题

教育教学中真实问题的解决,很难一次到位或一蹴而就,需要系统谋划、多方求解。也就是说,需要对所列问题进行分类、筛选、追问、分解和剖析,形成问题链,进而提炼和确定教研的主题,再逐层、逐步设计序列化教研子主题,形成有结构的教研主题,然后逐步解决有关问题。从问题到主题,这一决策过程本身就是一个深入研究的过程。对教研主题准确定位、谋划到位,往往预示着教研活动已成功了一半;再通过有序展开若干系列教研活动,就能达到问题解决、目标落实的效果。

有结构的教研主题有利于深度教研的开展,如上所述谋划教研活动主题的过程,体现了深度教研的思考性与系统性。

三、设计系列活动

教研主题导向活动,活动是教研的核心环节;教研活动的成效如何,与活动的设计密切相关。设计系列教研活动,其核心要义是确保教研活动不断聚焦教研主题,通过系列教研活动逐层达成序列化教研子主题,逐步实现有结构的教研主题,解决真实问题。由此可见,开展系列教研活动,就是持续不断地围绕所聚焦的问题进行深入研究,持续不断地形成研究成果。伴随着系列教研活动的开展,一个个问题不断被解决,一个个先进思想不断被提出,一个个认识不断被完善,并不断引发教研反思,为顺利实施下一阶段的教研任务凝聚智慧和力量。

教研活动的设计不仅重视通过教学或教研的场景带入问题,激发教师参与活动的兴趣,而且重视通过任务驱动、情景体验、案例分析等,促进全体参与者真实互动、交流研讨。这样关注教师的深度参与和深度体验的系列设计,凸显了深度教研的务实性与体验性。

四、精准专业指导

教研主题要通过教研活动加以阐释并达成，教师只有通过参与教研活动才能获得具有一定理论指导意义的经验和成果。在深度教研的系列活动中，不但要强调教师的自我反思，而且还要重视教师之间的同伴互助和专家的专业引领。其中，有关专家通过观课、研讨等与教师零距离接触，对他们进行专业指导，发现教师在教学中存在的问题，并结合具体案例加以点评，既提出改进教学的意见，又上升到一定的理论层面，从理论到实践、深入浅出地帮助教师提升。而教师通过参加研讨活动，接受到理论与实践相结合的适切指导，对教研活动内容会有一定的见解、评价和反馈。专家与教师交流互促，教学相长，双方都能获得深化思考和改善行为的有益启示。现场实施的专业指导，体现了深度教研既登高望远，又脚踏实地，不仅引用前瞻眼光看教育发展走势，还对具有典型意义的教育事件进行挖掘和提炼，以此引领、培植并释放教研活力，从而带动一线教师深入参与。

教研活动从"独舞"到"共舞"，并提炼出具有高度与深度的集体智慧、团队经验，让一群人走得更稳更远，这种交流互动凸显了深度教研的引导性与创造力。

五、助推教师成长

在教研活动中，教师是活动的主体，也是真诚的学习者。教研活动要有"黏性"和"持续性"，从"痛点"出发满足教师需求，这是提升教研品质的必要条件。而让参与活动的教师有丰富的"获得感"，这是助推教师专业成长所必需的。在深度教研的实施过程中，要重视营造浓厚、持久和开放的教研氛围，建立彼此的信任和友情，激发参与者内在的学习动机，并鼓励他们在研讨活动中加深体验。

教研是教师专业发展的阶梯，通过教研活动让教师获得成长和进步，支持教师的专业发展，这是教研文化永恒的价值追求。着力助推教师成长，展现出深度教研的文化价值与期望成就。

第四节　深度教研发展与趋势

教研工作是基础教育质量保障体系的重要组成部分,教研活动是教师专业发展的有效途径。上海教研工作在抓实常设教研的基础上,通过更新观念、建立规范,以及实践主题教研活动,基本形成了稳定的教研结构和机制,促进了教研规范和教研转型的实现。

在一般情况下,常设教研活动基于工作常规例行安排,因此组织实施常设教研活动是基础性、经常性的教研工作,必须认真落实。而主题教研活动是围绕特定主题有序开展的,是常设教研活动的深化和发展,需要进一步强化。

新时代对教研工作提出了更高的要求,提升教研品质是根本。在教研活动中增强教研深度,这是对常设教研活动和主题教研活动的共同要求。在实践中推进深度教研,对于提高教研质量具有重要意义。

常设教研、主题教研和深度教研这三者之间的关系,如图1-4所示。落实常设教研活动,强化主题教研活动,推进深度教研,这是教研可持续发展的必然要求。

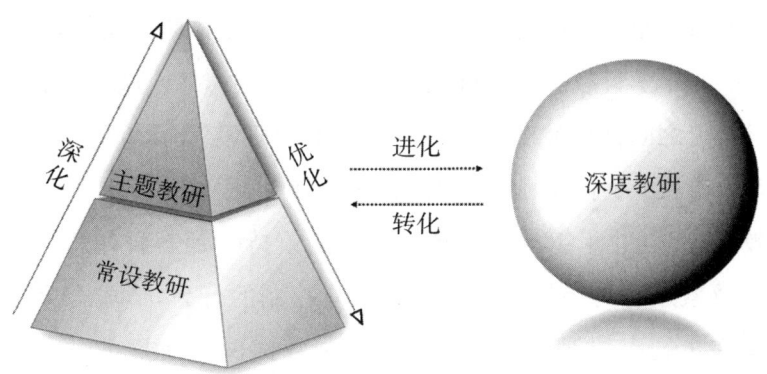

图1-4　常设教研、主题教研与深度教研之间的关系

在深度教研的实施过程中,应更加关注教研活动中所有成员的参与性,要创造条件和提供机会让他们深度参与。这就要进一步转变教研方式,加强教研方法与信息技术应用的结合,重视通过适当途径让更多人在活动中展现自我等。为贯彻落实关于深度教研的这些新要求,必须进一步增强教研工作的"判断力",提升教研团队的"组织力",激扬教研工作的"创新力"。

一、教研工作的"判断力"

为推进深度教研,通常采用行动研究和理论研究相结合的方式,放手进行探索和解决问题,即通过遴选、判断以确定需要破解的真实问题,明确问题后迅速制定方案并组织研究团队去解决问题。而在解决问题的过程中,又会产生新问题,这可能是教研活动新的生长点。

教研工作的"判断力",是指针对教研事件,基于教研方向和专业经验进行快速筛选、获取有用的信息,通过鉴别与分析进而作出决断。这是一种快速反应、当机立断的表现,是判别和断定事物的教研能力。增强教研工作的"判断力",对实施深度教研有积极助推意义。

二、教研团队的"组织力"

组织开展教研活动的主旨,就是通过一个有吸引力的研究主题,将一所学校或一个学科基地的相关教师,作为活动主体联结在一起开展深度教研。一个学科教研组,可以成为一个研究共同体。这种集群优势,便于参与者之间合作探究,容易形成浓厚的教研风气、良好的学术氛围,发挥学科带头人、骨干教师的作用,促进教师专业发展。

教研团队的"组织力",是指教研团队秉持一种教研理念,将教研活动各要素组合为整体,通过重协调、有控制的行为,形成合力,使教研活动在主题引领下,持续、有序地开展并向深层次推进,顺利达成教研目标。这是一种统一认识、协调行动的表现,是组织和调控方面的教研能力。进一步提高教研团队的"组织力",就是为实施深度教研提供保障。

三、教研工作的"创新力"

指向深度教研的研究与实践,必须密切关注教研发展的方向与趋势,坚持与时俱进和不断拓展。因此,需要认真学习和贯彻国家相关文件的精神,积极推进教研活动从"规范,真实"转到"系统,品质",即应大力提升教研工作水平,在活动组织及整体安排上,从重视基本规范转变为关注系统;在目标设计与实施要求上,从注重研究和解决真实问题提升至讲求品质,促使教研活动达到优质高效。

课程改革拓展了教研内容,教师需求影响了教研方法,所以在研究课堂教学时,要有课程视域,所确定的研究对象应包括教材教具、课堂环境、教学本身以及教学资源和技术等。也就是说,教研工作的研究领域需要拓展,以更好地服务课程改革。

常见的教研活动类型有区域教研、主题教研、综合教研、网络教研、教学展示、现场指导、跨学科教研等。各类教研活动如何凸显教研主体的联动、教师参与的主动、辅助技术的推动等,必须通过创新教研工作方式等来促成。因此要组织团队展开攻关,借助理论指导,展开持续性的行动研究,力求取得教研工作的创新突破。

教研工作的"创新力",是指以"规范,专业,氛围"的教研观为引领,重新审视教研内容以及方式方法、技术、机制等现状,全力破解课改背景下教研工作的核心难题;而且在发现问题、分析问题及解决问题方面的表现具有想象力和独特性、灵活性等特点。这是一种从无到有、从有到优的教研能力,也体现一种"不走寻常路"的教研魄力,更是提升教研品质的核心驱动力。激扬教研工作的"创新力",就是要务实求真、推陈出新,对教研工作现状实现突破与超越。

教研工作的创新,是深度教研有效实施和不断发展的必要前提。教研活动为教师专业成长提供了广阔平台,教研促进教师专业成长,教师推动教研质量提高。

在教研活动中，参与者及团队的"判断力""组织力"和"创新力"的表现，对于教研活动质量的高低有决定性影响。教研活动质量提高与教师专业成长，共同反映教研品质提升的成效。在教研活动高质量发展的过程中，"判断力"是基础，"组织力"是保障，"创新力"是关键。

第二章 深度教研运作模型

图说教研

"$x+y=1$"显示的合作模型

在开展深度教研时,教研员与教师、教师与教师之间的合作,是促进教研活动扎实有序开展,提升教研品质及实效的关键。如何开展教研合作,这是需要深刻认识的问题。

在此构建"$x+y=1$"合作模型(图2-1),作为开展教研合作实践的参照。在这个模型中,要素 x 和 y 分别代表合作的双方,可表示两个人或团队,取值范围是 $0<x<1,0<y<1$;等式右边的"1",表示合作完成一项任务。由于"$x+y=1$"是一个不定方程,可知它有无数多个解,比如,$x=0.5,y=0.5$;$x=0.7,y=0.3$;$x=0.1,y=0.9$……对于一项具体的合作任务,这个方程的不同解与合作各方的表现相关,解中 x、y 的取值是各方在合作过程中贡献大小的反映。

Ⅰ "$x+y=1$"($0<x<1,0<y<1$)
 (1) 要素"x""y"为合作人或团队
 (2) "1"表示完成一项任务
 (3) 例如
$$x=0.5,y=0.5;$$
$$x=0.7,y=0.3;$$
     ……

Ⅱ "$x+y+z=1$"($0<x<1,0<y<1,0<z<1$)
 例如
$$x=0.2,y=0.3,z=0.5;$$
$$x=0.3,y=0.4,z=0.3;$$
     ……

Ⅲ "$x+y+z+\cdots=1$"

图2-1 "$x+y=1$"合作模型

确保两数之"和"为1表明,合作人或团队应把可以合作的部分都拿出来,同心协力去完成这项任务。

"$x+y=1$"合作模型启示我们,合作的各方要遵循共同规则,明确各自职责,形成工作合力。对于三个人或团队,合作模型为"$x+y+z=1$",其中$0<x<1,0<y<1,0<z<1$。对于三个以上的人或团队,合作模型类推为"$x+y+z+\cdots=1$"。

在物理学中,研究和解决实际问题时,通常要抓住主要因素,忽略次要因素,凸显其系统行为和特征,进而构建一种物理模型。一般而言,模型是对实际问题的抽象,是对研究对象的简化,而且每个模型的建立都有一定条件和适用范围。

深度教研运作模型是推动教研活动扎实有序开展的实践依据,而在此基础上构建的"螺钉模型",则揭示了教研活动的运作过程。

"螺钉模型"呈现了深度教研中"团队""资源""问题""主题""活动""评估"六个基本要素的结构关系。"螺钉模型"稳健运作,就是通过持续的研讨与教学实践的成效来刻画"教研深度"。

以下细话教研,构建深度教研的运作模型。

第一节 深度教研螺钉模型

深度教研的特点与导向表明,要提高教研活动的水平和质量,重在展开系列化、深层次、持续性的实践研究。

实施深度教研,应体现持续推进、深入探讨、深刻体验之深意。因此,很有必要为深度教研构建一个运作模型,以推动深度教研的具体实践。

一、螺钉模型的一般描述

一般而言,深度教研是以问题(或教研方向)为导向,在"主题""活动""团队""资源""评估"等要素参与下展开的。据此构建如图2-2所示的深度教研运作模型,简称为"螺钉模型"。螺钉模型显现了深度教研活动所含的基本要素,它们分别用字母进行标注。所示基本要素是:字母 F 为教研团队,E 为教研资源,A 为真实问题,B 为教研主题,ω 为系列活动,O 为实践评估。另外,此图中的字母 h 表示教研深度,C、D 是两个深度层的标记。

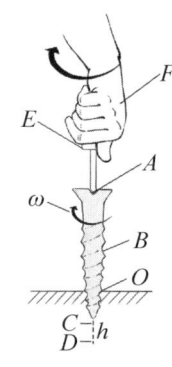

图2-2 螺钉模型

在螺钉模型中,"团队"与"资源"是作用力之源,"问题—主题—活动—评估"为运作路径。通过全程综合评估,可以判定深度教研达到的层次,如"深度层 C"。

螺钉模型是推动教研活动扎实有序开展的实践模型。从问题确定到主题规划的过程,是一种持续的研究;从主题实施到问题解决的过程,也是一种系列、持续的研究。在教研活动中,教研主题具有价值引领和问题导向的作用;对主题反思、效果评估再到与下一阶段教研活动衔接,更是有一种持续研究贯穿其中。

深度教研的螺钉模型运作时,"教研团队"为实施研讨注入推动力,"教研资源"为顺利研讨提供保障力;"真实问题"是组织研讨的基础,"教研主题"是聚合研讨的内核,"系列活动"是展开研讨的关键,"实践评估"是促成反思与持续改进的支点;而"教研深度"是持续研讨成效的外显,必须通过教学实践来反映。要发扬螺丝钉精神,持续、扎实地开展研讨,以彰显深度教研的内涵。

二、深度教研的基本判定

组织开展教研活动就要努力提升教研品质，而提升教研品质就要聚焦教研深度，也就是说对教研活动必须要有关于教研深度的期待和要求。因此，在深度教研的螺钉模型运作过程中，对教研深度的维度、层级，以及如何评估和如何描述评估结果等，应该有明确的说法。

1. 教研深度

深度教研的研究与实践表明，教研深度与教研活动预期效果的达成度这两者有关联性，前者是后者的一种度量性刻画。教研深度的呈现有三个维度，分别为"高度""广度""参与度"。其中，"高度"主要反映教研活动的主题、目标等；"广度"主要反映教研活动的内容、过程等；"参与度"主要反映教研活动的研讨进展和工具使用情况，以及教师参与活动的表现与表达等。

在教研活动中，预设的研究目标反映了本次教研活动的价值取向和成果期望，对教研活动的进展具有定向意义。其所设的研究主题与内容对于教师的吸引力，以及所安排的活动环节与过程的可行性，都直接影响教师参与活动的积极性和有效性。使用教研工具可引导教师聚焦观察视角，为教师积极主动地参与研讨提供技术支持。

上述三个维度，凸显了深度教研实施要求的根本所在。"高度"重在引领方向，定向实践；"广度"重在强化基础，定位实处；"参与度"重在显示主体作用，定性实效。需要指出的是，"高度""广度"主要反映教研活动本身，"参与度"主要反映教师参与活动的表现与表达等，"参与度"中有"高度""广度"的行为特征表现，再联系深度教研的基本特点，可见教研的深度与教师的参与程度密切相关，当然这两者并不是一回事。

在螺钉模型中，教研深度 h 设有 C、D 两个深度层，或直接称为"问题解决层"和"递进发展层"。"问题解决层"为基本要求，"递进发展层"为较高要求，具体要求分述如下。

(1) 问题解决层

注重现实性目标任务,有效解决问题,获得了具有推广应用价值的经验成果。

其教研活动的综合表现为:针对确定的主题或话题、问题,设计了联系密切的系列活动,提供了必要的资源支持与教研工具;教师积极参与、认真思考,能针对实际情况合理使用资源与工具,并按要求深入展开研讨;各活动环节全面有效落实,预期的教研目标整体达成,经验成果丰富。

(2) 递进发展层

立足解决面临的实际问题,关注未来发展的需要,形成了具有开拓创新意义的递进局面。

其教研活动的综合表现为:教研活动主题明确,任务清晰,设计了形式多样的系列化教研活动;教师分工协作、自主活动,针对实际情况搜集资源,选取、调整或研制教研工具并恰当使用,同时务实求真,充分展开研讨;各项活动有序地持续推进,预期的教研目标实现,并为教研发展打开了思路。

2. 教师参与度

教师参与度即教师参与教研活动的程度。教师参与度的水平高低与教研活动取得成效的大小具有正相关性,评议教师参与度水平是评估教研深度的一项先期工作。

教师参与度主要表现在三个方面:行为参与、认知参与和情感参与。教研一般关注相关教师在教研话题、问题或主题指引下,在参与担责、分工协作、教研工具使用、交流研讨发言、总结和反思等方面的主体性表现。

教师参与度由两个级别、五个水平层次组成。两个级别中一级为"引导参与",包含水平1、2、3三个层次;二级为"自主参与",包含水平4、5两个层次。关于教师参与度各层水平的行为特征,可从条件与工具、担责与表现、证据与表达、总结与反思等方面进行描述,如表2-1所示。

表 2-1　教师参与度各层水平的行为特征

层次		行为指标			
		条件与工具	担责与表现	证据与表达	总结与反思
引导参与	水平1：话题引导	话题	热情回应话题	对局部事件进行讨论，发言较平淡	简单汇总研讨结果，对后续思考较少
	水平2：问题引导	问题	用心思考问题	积极讨论，发言较聚焦	总结经验，反思问题解决，思考新问题
	水平3：工具引导	主题，使用工具	全身心投入研讨	考察事实，搜集证据，基于证据发表观点	对活动效果进行评估，对未解决问题进行持续思考
自主参与	水平4：任务参与	主题，调整与使用工具	积极主动参与研讨和评议	针对现场实际、根据任务要求，发言有理有据	提出完善活动意见与跟进研究设想
	水平5：项目参与	根据需求确定主题，研制与使用工具	积极参与、组织活动进程	聚焦项目主题，基于证据分析，踊跃发表意见	系统总结，成果提炼，对后续研究深入思考、提出构想

教师参与度各层水平的具体要求分述如下。

水平1为"话题引导"。在教研活动中的主要表现：教师热情回应设定的话题，能对局部的教学事件进行讨论、评判等；没有使用教研工具，观察视角聚焦不够，参与研讨时发言较平淡；活动结束后，对本次活动的总结以及下次活动的思考较少。

水平2为"问题引导"。在教研活动中的主要表现：教师在指向明确的问题（链）引导下，用心思考、积极参加讨论，发言较聚焦；没有使用教研工具；活动结束后，会反思本次活动研讨的问题是否得到了解决，是否又产生了新的问题。

水平3为"工具引导"。在教研活动中的主要表现：教师围绕教研主题全身心投入活动；使用教研工具，考察事实，搜集证据，积极参与对教学事件的讨论，基于证据发表观点；活动结束后，会依据事实和证据对活动的效果进行评价，并对尚未解决的问题进行持续思考和探究。

水平4为"任务参与"。在教研活动中的主要表现：教师能根据教研主题、针对现场实际，自主调整和使用教研工具，积极、主动参与研讨和评议，发言有理有据；活动结束后，会对教研任务的完成情况进行总结和反思，并提出跟进研究的设想以及进一步完善本主题系列化研究活动的意见。

水平5为"项目参与"。在教研活动中的主要表现：教师能根据平稳推进项目研究的需要，按照任务分工要求，积极参与活动进程；大力研制与应用教研工具，考察事实，搜集证据，踊跃发表意见，开展合作研讨；活动结束后，能从项目有效实施着眼，对系列化活动进行系统总结和成果提炼，对有关教研问题形成明确的判断和认识，并对后续研究有比较深入的思考和构想。

上述水平1、2、3属于一级即"引导参与"，教师通常表现为关注教研话题、问题或主题，认真参加系列活动；针对实际，确定是否使用教研工具；在活动过程中展开不同层次（要求）的研讨，能发挥积极作用，并对教研活动进行思考、反思等。

水平4、5属于二级即"自主参与"，教师通常表现为对于教研主题和任务有清晰认识，按分工要求担当职责、合作互助；主动参与系列活动，使用、调整或研制教研工具进行求证求实，展开充分的研讨；在活动过程中积极贡献智慧，圆满完成任务；活动结束后，能对教研活动进行反思和评估，以及有关于持续研究的思考等。

关于教师参与度的评议，要看教师参与教研活动全过程的总体表现，注意教师在系列化教研活动中参与情况的变化和发展。对于教研深度的综合评估，含有评议教师参与度的要求，通常将多数教师的参与度水平当作这次教研活动的教师参与度水平,并以此作为判定教研深度层的重要依据。

在教研活动中,教研深度和教师参与度这两者密切正相关,因此可以通过对教师参与度的评估,对教研深度进行评估,进而施行教研活动质量评估。一般来说,教师参与度至少达到水平3"工具引导",是教研深度达到"问题解决层"(C 层)的基本要求;教师参与度至少达到水平4"任务参与",是教研深度达到"递进发展层"(D 层)的基本要求。教研深度和教师参与度之间的关联,如图2-3所示。

教研深度	教师参与度	
问题解决层	水平1	话题引导
	水平2	问题引导
	水平3	工具引导
递进发展层	水平4	任务参与
	水平5	项目参与

图2-3 教研深度与教师参与度

要进一步加强"深度"的量化评估研究,必须从行为参与、认知参与和情感参与这三个角度对教师的参与度进行深入研究和分析。进一步发挥教师主体的积极性和能动性,增强教师参与活动的获得感,可以顺利推进深度教研不断开展。

第二节 螺钉模型操作要点

要有效运用螺钉模型开展深度教研,首先应深刻认识螺钉模型中各要素之间的关系,并切实把握下列操作要点。

一、以"团队"与"资源"为活动前提

"团队"是实施深度教研活动的推力之源。在深度教研活动中,教研团队的建设是在教研主题引导下,基于团队目标、针对教研任务,通过团队成员之间分工合作和开展系列化活动来实现的。

团队创建和成员之间的分工合作程度,深刻影响教研活动质量。教研团队的建设及运作,要从团队性质、人员组成、分工形式、任务责任及倾听沟通等多个方面统筹考虑。关于"团队"的基本要求,可依据教研团队属性来设计,教研团队属性表如表2-2所示。

表 2-2 教研团队属性表(样张)

团队性质	□ 单学科　　□ 跨学科　　□ 跨领域　　□ 跨学段　　□ 其他:＿＿
人员组成	○ 5人及以下　○ 6～10人　○ 11～20人　○ 21～30人　○ 其他:＿＿
分工形式	□ 一人领导决策下的分工合作 □ 以小组为单位进行分工合作 □ 基于活动主题内容的分工合作 □ 没有特别明确任务指向的自由分工合作 □ 其他:＿＿＿＿＿＿＿
任务责任	□ 活动策划　　□ 组织研讨　　□ 一般参与者　　□ 担任专家点评 □ 上研究课　　□ 担任说课　　□ 完成报告　　□ 其他:＿＿＿＿＿＿＿
其他说明	关于教研团队,还需要补充的是:＿＿＿＿＿＿＿＿＿＿＿＿＿＿＿＿＿

【注:在表格中,"□"代表多选,"○"代表单选,使用时只需将其涂黑(或做上其他记号)即可;若选择"其他",请指明原因。后面类似表格的使用方法与此相同。】

"资源"是实施深度教研活动的重要保障。用好教研资源的关键,在于如何选择资源、组织资源和优化资源,从而为教研活动有效开展提供基础性的支持和保障。

教研资源的适用性和丰富性,对教研活动持续推进并达到理想深度具有决定性意义。教研资源的选择,需要从资源类型、内容、获取、功能等多个方面进行考虑。关于"资源"的基本要求,可依据教研资源属性来设计,教研资源属性表如表2-3所示。

表 2-3　教研资源属性表(样张)

资源类型	☐ 纸质材料　☐ 电子文本　☐ 视频　☐ 网页　☐ 其他：_____
资源内容	☐ 教学设计(教案、教学反思等) ☐ 研究性材料(报告、论文等) ☐ 会议安排(议程等) ☐ 工具表(可列出工具表种类) ☐ 其他：_____
资源获取	☐ 活动前下发　☐ 活动现场下发　☐ 其他：_____
资源功能	☐ 有助于参与者提前了解活动内容 ☐ 有助于参与者深度参与活动过程 ☐ 有助于参与者后续进行学习 ☐ 有助于活动的档案留存和管理 ☐ 其他：_____
其他说明	您认为支持教研活动开展必要的教研资源还有： _____ 您认为提升教研活动品质的教研资源还有： _____

"团队"与"资源"是开展教研活动的前提，可根据教研团队与教研资源的属性来建设团队与选择资源。一般说来，不同教研团队和不同教研资源推动下的教研活动，其呈现的样态是不一样的。

二、以"问题—主题—活动—评估"为运行路径

"问题"是实施深度教研活动的起点。在教学实践中，教师关切的、需要破解的真实问题，可以通过观察、问卷、访谈等调查方式来寻找、判断和确定。有些问题最初只是呈现了一种现象，经过梳理、转换后，成为可以研究的问题。

只有真实的问题才能承载教研主题。真实问题要从来源、类型、指向是否明确及思考基础、思考时空等方面来确定。关于"问题"的基本要求，可依据真实问题属性("属性表"从略)来设计。

"主题"对深度教研活动具有价值引领作用。主题转换为目标，目标

诠释主题、规定内容、导向活动,进而确保在活动中落实主题要求。

设计教研主题,由此开展教研活动、解决预定问题,这是一个不断深入研究的过程。提炼和确定教研主题,要从结构性、明确性、导向性等方面进行研究。关于"主题"的基本要求,可依据教研主题属性("属性表"从略)来设计。

"活动"是指主题确定之后展开的各种研讨活动。组织系列教研活动,是实施深度教研活动的关键。

教研活动一般含有内在密切相连的若干个环节,活动过程中要加强各环节之间的衔接,注意各环节活动时间的分配。活动时间与活动内容、教师参与度之间的关系,可用一个矩形示意,其中矩形两邻边长分别为活动内容 a、教师参与度 b,矩形面积为活动时间 S,因此 $S=ab$,简称"矩形模型",如图 2-4 所示。

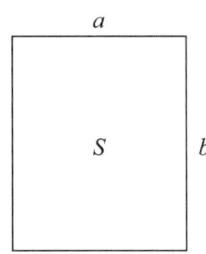

图 2-4 矩形模型

一般而言,活动时间 S 是常量。因此要提高教师参与度 b,就要精简活动内容 a,如减少活动中重复性的内容,突出能够引发教师交流和争论的内容等。可以通过控制活动容量、以商讨方式实施活动,来提高教师的参与度,从而提升教研深度。

组织和开展教研活动,要围绕教研主题,基于活动要求,明确分工合作,合理安排活动的时间、内容、形式等。关于"活动"的基本要求,可依据系列活动属性("属性表"从略)来设计。

"评估"是深度教研活动的关键性特征,在深度教研活动中起着导航作用。教研活动结束后,应及时进行全面评估及反思,既要总结经验成果和评议问题解决过程,又要反思活动的策划设计和组织实施。在通常情况下,一次教研活动不可能解决所有问题,深度教研活动往往是一组系列教研活动,对一个教研活动及时进行评估,有利于衔接、改进下一个教研活动和整体质量提升。

在教研活动中,如何根据主题与目标等来设置观察点,全面关注教师参与教研活动的行为表现,寻找与收集关键证据,并且使评估结果易于统计和分析等,都是科学评估的实施要点。因此,教研活动评估需从要素覆盖、观察设计、证据处理、工具支持以及结果描述等多个方面统筹考虑。关于"评估"的基本要求,可依据实践评估属性("属性表"从略)来设计。

基于螺钉模型开展深度教研活动时,通常先依据教研活动各要素"属性表",对教研活动进行引导性框架设计。框架设计的任务之一是对教研活动各要素进行规格设计,促使各要素在实施中落实到位;同时,对各要素进行层次设计,努力将"深度"体现在教研活动各个环节中,但容许有的要素其内涵不齐全。任务之二是根据每一次活动的具体任务和内容,有针对性地抓住某个或几个要素,依照其"属性表"要求,将设计做好、做深,以期在实践中对这个或这几个要素进行突破。完成设计后,在框架设计引导下按照操作要点来组织实施教研活动。其基本过程是确定问题、策划主题、实施活动、解决问题、效果评估和反思改进。在操作要点中,"团队"与"资源"是基础,"问题—主题—活动—评估"运行路径是关键。

教研活动各要素"属性表"的作用是引导教研活动设计,同时"属性表"也是活动评估的参照、效果检测的依据。

各要素"属性表"是深度教研实施中的通用工具,其主要包括两部分:一部分注重凸显规格,体现共性;另一部分注重突出品质,体现个性。比如教研团队属性表(见表2-2),它的一部分包括"团队性质""人员组成""分工形式""任务责任"等栏目,另一部分是"其他说明"栏目。另外,"矩形模型"是深度教研实施中的一个专用工具。通用工具和专用工具,都属于教研工具。

深度教研实施中,通用工具、专用工具以及使用工具开展教研活动的相关场景、要求、规格等(注:有关通用工具、专用工具等在第四章"深度教研工具研发"中有说明),构成深度教研的操作指南。螺钉模型与操作指南在深度教研实践中强化了引导性和规范性,它们引领教研活动有序开展,共同体现对达成深度教研的关切和期待。

第三节　螺钉模型应用实例

下面以"同课异构"到"同课再构"的教研活动、"同单元命题异构"到"同单元命题重构"的教研活动为例,解说螺钉模型的实践应用和深度教研的实施过程。

一、"同课异构"到"同课再构"的教研活动

"同课异构"到"同课再构"的教研活动,是指根据教研主题,选择相同教学内容,以课堂教学实践研究为主,组织教研团队持续开展教研活动。参与此教研活动的教研团队,主要有活动实施团队(含执教教师)和活动参与团队。活动中,期望活动实施团队人员的参与度至少达到水平4"任务参与",活动参与团队人员的参与度达到水平3"工具引导",教研深度至少为"问题解决层"。

1. "同课异构"到"同课再构"的教研活动设想

"同课异构"就是面对教研主题、针对同一节课教学内容,组织团队开展教研活动,通过集体备课形成几个有结构性差异的教学方案,由多名教师分别执教,并对教学成效进行比较分析和研讨,开展系列化的教学实践研究。

"同课再构"是指在开展"同课异构"教学研究的基础上,借鉴已有经验和成果,关注改进和优化,再对"同课"进行教学设计并具体实施,持续、深入地开展实践研究。

(1)"同课异构"教研活动

在"同课异构"教研活动中,各活动实施团队对"同课"分别进行课堂教学设计,按各自对课程标准的解读、教材的理解、学情的分析,确定本课教学目标和要求,形成教学方案;各位执教教师结合自己的教学特点和风格具体执行教学方案,分别实施课堂教学;教研团队成员进入教学

现场,观察各位教师分别执行"异构"教学方案所呈现的教学实际情况,使用教研工具进行观课和实证研究。

"异构"主要异在课堂结构、师生互动、教学方式、教学效果等方面的预设,"异构"的教学成效是教研主题落实和团队智慧的反映。完成观课以后,随即组织以评课为主的团队活动。教研团队针对"同课异构"的教学设计及组织实施情况,借助研讨问题设计与教研工具应用,聚焦观察视角,分析比较这些课的整体表现和不同之处,集中研讨它们的"异构"点及教学的有效性,形成一些基本的共识和改进的意见。

（2）"同课再构"教研活动

"同课再构"通常以在"同课异构"教学中观察到的学生行为变化和学习表现为参照,以集体研讨所形成的共识为基础,从改善教学过程着眼,由团队共同研讨和构建更加合理的教学方案。

"再构"的教学方案确定以后,还要组织和实施课堂教学,并开展团队观课和研讨活动,进行持续性研究,获取具有"固化"意义的实用性成果。

（3）"同课异构"到"同课再构"的教研活动流程

"同课异构"到"同课再构"的教研活动流程,如图2-5所示。

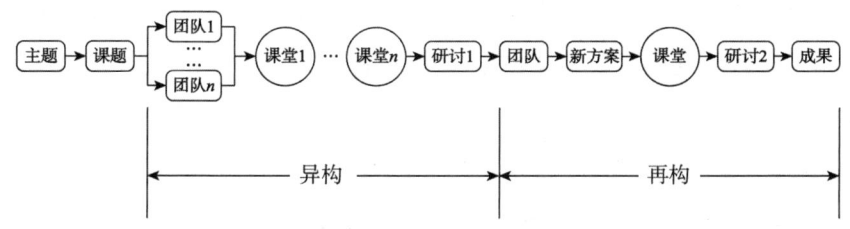

图2-5 "同课异构"到"同课再构"的教研活动流程

从图2-5可知,根据螺钉模型开展"同课异构"到"同课再构"的教研活动时,需运用深度教研中的通用工具"属性表",对教研活动各要素进行框架设计。

首先,创建教研团队。教研团队包括若干个活动实施团队和活动参与团队。活动实施团队由执教教师、骨干教师、教研员等组成,主要任务是根据教研主题与教学课题,进行课堂教学设计、组织和实施;活动实施团队个数及执教教师人数,要与课堂教学节数相匹配。

其次,设计教研活动主题。对教研活动主题的设计,一般涉及两种情况,一是本次教研活动主题为上次教研活动的延续,这时只要明确主题即可;二是本次教研活动主题为新设的,需要策划主题。明确主题后,可以确定教学课题,调集教学资源支持课堂教学设计、组织和实施。

最后,设计系列教研活动和评估反思。"同课异构"到"同课再构"的教研活动分为"异构"和"再构"两个阶段,要从"同课异构"到"同课再构"的教研活动整体着眼,对"异构"阶段或"再构"阶段进行系列教研活动设计、评估和反思,同时针对不同教研活动场景、实施要求等设计教研工具,考虑选择、优化和重组教研资源,支持教研活动有序开展。

"同课异构"到"同课再构"的教研活动,需按照上述流程展开系列化设计、深层次研讨、持续性实践以及效果评估,以期提升教研活动的质量与品质,促进教师专业成长与发展。

2. 例说"同课异构"到"同课再构"的教研活动实施

上海市第三期双名工程物理一组(简称"物理名师基地")与松江区教研室初中物理学科组,于 2012 年 11 月在松江区组织过一次"同课异构"到"同课再构"的教研活动。这次教研活动的主题是"加强教学研究　探索教学规律",教学课题是"串联电路特点"。活动实施的过程,简述如下。

(1)"同课异构"教研活动

教研团队中含两个活动实施团队,即"物理名师基地"和松江区初中物理学科组。另有一个是活动参与团队,其成员是"物理名师基地"学员和松江区初中物理教师等。"同课异构"教研活动过程,分教学准备和课堂教学实践研究两个阶段。

① 教学准备

两个活动实施团队围绕课题"串联电路特点",各自经历备课、说课、试教、调整等环节,进行教学准备。其中,"物理名师基地"团队所进行的系列教研活动分为四部分：一是主持人对"同课异构"和"同课再构"进行了分析和阐述，使学员们对"同课异构"和"同课再构"有了较深入的认识，对如何思考、构建以及如何比较课的结构和内容等形成了清晰的框架；二是集体备课研讨，学员们就有关课题引入、教学的各个环节及各环节间的过渡等进行了较深入的研讨；三是执教教师备课，完成课堂教学设计及说课，学员们一起对课堂教学思路等展开充分的研讨，达成共识；四是执教教师进行试教，学员们使用教研工具进行观课，围绕课堂教学的设计、组织和实施等进行研讨。学员们在研讨中基于证据提出观点，由于各人的观点不尽相同，引起了思维的火花激烈碰撞，促使他们对有关问题加深了理解，对有关概念和规律的认识达到了新的深度。这一系列教研活动，为活动实施团队随后实施课堂教学奠定了基础。

② 课堂教学实践研究

在教学准备基础上，两个活动实施团队各自拟定了"串联电路特点"一课的教学方案，分别由两位教师执教。团队组织教师使用教研工具进行观课，课后针对主题，基于记录的证据，着重就这两节"异构"的课进行了深入的讨论交流。

通过研讨，大家认为两位教师分别按各自的课堂教学设计，认真执教。这两位教师的课堂教学流程都是"情景—探究—应用"；其中的"探究"活动，都是先探究电流特点，然后探究电压特点，最后探究电阻特点。但两位教师在课堂教学的环节和细节处理上还是存在很多不同点，这正是"异构"的表现。比如，关于"串联电路"的引入、关于"实验数据记录、分析、归纳"的活动方式等，两节课的教学都有所不同。又如，对于"电阻关系"的探究，一位教师采用"实验探究—公式推导"，即先通过实验来找出串联电路总电阻跟各个串联电阻的关系，用实验归纳得到电阻关系，然后再引导学生运用演绎方法加以验证；另一位教师采用"公式推导—实验验证"，即先运用欧姆定律以及串联电路的电流和电压特点演绎推导出电阻特点，然后实验验证，这与前面一节课的教学过程相比有明显差别。

在"异构"教学的评课研讨中,大家有这样的共识:"情景—探究—应用"的教学流程是合理的,其中"引入串联电路""安排实验数据记录、分析、归纳"的教学等,虽有细节不同但都行之有效。而对"电阻关系"的"异构",教学过程不同,学生表现也不同。有一节课采用"实验探究—公式推导",这是从易到难,学生容易接受,但不易提出自己的想法。学生是活动的主体,所以本堂课的活动对学生思维发展的促进乏力。另一节课采用"公式推导—实验验证",这是由因到果,学生的思维活跃。但是大多数学生没有在预定的时间内推导出结果,导致后续课堂教学时间较紧,知识应用的落实不够。

值得一提的是,在"公式推导—实验验证"这节课的课堂教学观察中,发现有一部分学生自主地将表格中电流和电压的数据,运用欧姆定律进行计算,他们想通过对计算出来的数值进行比较分析,得出电阻关系的规律;这部分学生取得了成功,但使用的不是老师要求的公式推导法。这说明只要给予学生自由思考的空间和时间,学生就可以更多地获得自主训练思维方式、锻炼思维能力的机会。同时,进一步分析"公式推导—实验验证"这节课的教学过程,大家认为它更适合物理学习基础较好的学生,可见切实分析学情很重要。

通过观课后的研讨,教师们产生了思维的碰撞,大家对教材和教学设计有了新的认识,对"同课再构"有了新的想法。

(2) "同课再构"教研活动

通过"串联电路特点"同课异构教学研讨,教研团队认可该课题的教学流程设计具有一般意义,确认电阻特点的"异构"教学其目标指向有差别,成效有明显差异。同时认识到,在电阻特点的教学中,运用何种教学方式、安排怎样的教学环节,对提高课堂教学有效性的关系重大。随后,原有两个活动实施团队合成一个实施团队,以在"异构"研讨中形成的共识为基础,针对前两节课的教学过程及教学效果,研究确定"再构"的课堂教学方案。

实施团队设定以一个物理学习基础较好的班级为教学对象,对"同

课"再进行课堂教学设计。这时团队的活动,首先是基于已有教学实践所取得的经验及共识,制订本节课教学目标,确定选取适当的教学方式和组织形式,对串联电阻特点的引入和探究等做新的尝试,讨论后形成了"再构"教学方案。然后,从实施"异构"教学的两位教师中选择一位教师,在一个物理学习基础较好的班级执教此方案。最后,再组织教师使用教研工具进行观课,课后对"再构"的课堂教学进行研讨,将"再构"的课堂结构等进行评议、整理和固化,形成成果等。

在"同课异构"到"同课再构"教研活动中,重视通过评估和反思,促进系列化活动有效落实。对本次深度教研的评估,有对"同课异构"或"同课再构"每一次教研活动质量的评估,也有对"同课异构"到"同课再构"的教研活动整体的评估,或对"异构"阶段、"再构"阶段的教研活动整体的评估。在实施中,有运用评估工具对活动进行的量化评估或质性评估(注:"三度"模型、教研活动质量评估单等运用,参见第三章"深度教研质量评估")。

针对教师在研讨活动中的行为特征,结合"教师参与度各层水平的行为特征"和"教研深度和教师参与度关系",确定教师参与度及教研深度。比如,针对教师在"同课异构"中对两节课的观课研讨等行为特征,将教师参与度定为水平 4"任务参与"、教研深度定为"递进发展层"。

3. 教研实践应用过程的反思

在"同课异构"和"同课再构"的教研活动中,通过集体备课、课堂教学、研讨评课等,要求每位教师仔细观察、深入分析,对照和比较课堂教学情况,发表自己的看法,达到了比较、鉴别、碰撞、反思的效果,促进了教师对教材教法的研究,拓展了教学思路,拓宽了教学视野。为了达到更好的效果,团队还针对"同课异构"两节课的教学过程及教学效果,组织深入、细致的比较研讨,找出教学中的不足及相应的解决方法,在"同课再构"时再次尝试解决存在的问题,更好地优化课堂教学,提高教学效益。

如果说"同课异构"促进了教师之间思维的碰撞,产生了新的火花,那么"同课再构"则促成了教师教学思想的升华，实现了火花的"燎原"。

这样的教研活动，增强了教师主动参与、持续研究的意识，加深了教师对课程的理解，提高了教学实施能力。"同课异构"前，教师进行课程标准解读、教材分析、学情分析等活动，这是一种横向的团队进行的持续研究；"同课异构"中的上课以及对课堂教学设计与效果的研讨分析，再到"同课再构"中的观课以及研讨和经验固化，这是一种纵向的团队进行的持续研究。在这些重要环节中，教师们深入研讨、取长补短，有效使用教学资源，共享信息互通等，这有利于优化课堂教学、提高课堂教学效率，有利于进一步探索教学规律和促进教师专业成长。

"同课异构"到"同课再构"的教研活动，其活动过程是螺旋上升的持续性研究，是螺钉模型在以课堂教学实践研究为主的教研活动中的具体应用，其整体表现清晰显示出深度教研的特点。

二、"同单元命题异构"到"同单元命题重构"的教研活动

这里是针对单元内容的测试命题开展研究，一般可研究如单元、章节、专题或学期等学科教学内容的测试命题。

"同单元命题异构"到"同单元命题重构"的教研活动，是指根据教研主题，选择相同单元教学内容，以命题实践研究为主，组织团队开展教研活动，进行持续研究。参与此教研活动的教研团队主要有命题设计团队和教师实践团队。活动中，期望命题设计团队的参与度至少达到水平4"任务参与"，教师实践团队的参与度达到水平3"工具引导"，教研深度至少为"问题解决层"。

1. "同单元命题异构"教研活动

"同单元命题异构"就是多个教研团队以学科教学的同一单元内容为考查内容，针对教研主题、根据课程标准、结合教学要求，分别进行测试命题。

关于本项研究，其命题任务包括制作多维细目表和研制试卷（含评分标准）等。试卷使用对象是某年级一个中等水平教学班。命题要求是

体现学科特点,着眼于基础知识、基本技能和基本方法的考核,突出重点,注意覆盖面,符合学生学习和生活的实际,重视考查学生运用所学知识分析和解决问题的能力。

(1) 明确试卷命题要求

对于试卷,要求其结构简明、合理,题量适度,适当减少机械记忆题、客观题的占比,提高探究题、综合题的占比。明确考试时长为1节课,试题难、中、易之比为1∶1∶8,难度系数为0.85左右。

明确了测试命题的总体要求后,就要将课程标准中相关的课程目标要求转化为教学目标。例如,初中物理中的"光的反射"单元,课程目标要求是"理解光的反射",将其转化为教学目标:①知道光的反射现象;②理解光的反射定律;③知道镜面反射和漫反射。随后,针对教学目标"②理解光的反射定律"再分层,确定"光的反射定律"教学应达到下述基本要求:知道光反射时遵循的规律;经历探究光的反射定律的过程;会通过作图表示光的反射现象;能解释生活中光的反射现象。

(2) 组织实施测试活动

对试卷的结构、试题数量、试题表述等进行研讨,在此基础上进行组卷、审卷、预估难度等。然后,选择一个中等水平的教学班进行测试。完成测试后,进行阅卷,做必要的统计(如基本数据,学生作答典型实例等),还要对预估难度与实际差异进行分析,对测试中反映出来的教学问题进行分析并提出改进措施等。

(3) 务实开展研讨活动

在各个教研团队完成命题、测试及阅卷分析以后,开展"同单元命题异构"的教研活动。此教研活动过程如下:

首先,明确教研主题,并对教研主题进行分解。比如,教研主题定为试卷命制与教考的一致性,将此主题分解为:试卷内容与课程标准、教学要求一致,试卷难度紧扣教学目标和教学重难点等。

其次,研讨试卷。围绕教研主题、结合几份"异构"试卷,使用考试测验工具,聚焦观察视角对试卷展开研讨。研讨时,对试题评价的关注要点定为:科学性、目的性、新颖性、简约性、灵活性等。

最后,确定试卷命制水平。试卷命制水平分为:①按照要求进行组卷,其方式是试题选编;②按照要求进行组卷,其方式是试题选编与改编(至少有一道试题是改编的);③按照要求进行组卷,其方式是选编与创编(至少有一道试题是创编的,也可以有改编的)。对于创编的试题,其试题设计应体现下列环节:知识选点、创设情景、设置障碍、编制数据、题意表述等。

2. "同单元命题重构"教研活动

"同单元命题重构"就是在开展"同单元命题异构"的命题实践研究基础上,借鉴已有的经验和成果,几个教研团队对试卷结构、试题导向等方面达成一致认识;然后合成一个教研团队,"重构"多维细目表及试卷(含评分标准)等,并预估难度。

将此"重构"试卷,安排一个中等水平教学班进行测试,再对试卷与测试结果进行分析,固化"重构"试卷结构等。

组织团队对单元测试的试卷从"命题异构"到"命题重构"进行持续研究,这是螺钉模型在以命题实践研究为主的教研活动中的具体应用。

三、实例综述

在上述螺钉模型实践应用的两个实例中,"同课异构"或"同单元命题异构"的设计,是从理性到实践;针对"同课异构"或"同单元命题异构"的研讨,是从实践到理性。"同课再构"或"同单元命题重构"是将通过研讨取得的共识再回到实践中检验,如果实践效果好,说明这些共识可取,这些经验值得固化,即此课堂教学结构或此单元试卷结构具有固化意义。

以后,针对课堂教学或此单元考试测验,可将所固化的经验作为基础进行设计,只要针对学情适度调整后即可实施,这有利于提高课堂教学的质量和效益。

总而言之,提出深度教研主要是倡导在教研活动中,要充分展开系列化、深层次、进阶性、持续性的实践研究,要更多关注教师主体作用的发挥和深度体验的获得,圆满实现研究目标,全面提升教研品质,以此带动教研团队的建设,推进整个教研工作的发展。

深度教研可以发生在一般教研活动中,也可以在主题教研活动中展开,此时其基本状态必须呈现为:有教师广泛参与的系列化活动,而且教研流程规准明晰,教研工具融入活动;大力营造一种积极向上、互动共商、深度参与的教研氛围,深入、持续地开展研究。应切实把握市、区、校教研活动的"精准性"与"体验性"要求,大力推进深度教研的研究与实践,力求所实施的教研活动总能进入深层和达到优质,让每一位参与者都有愉悦的经历和较大的收获。

第三章

深度教研质量评估

白煮蛋到茶叶蛋的迭代递进

将鸡蛋洗净放入盛有冷水的锅内，水烧开后再煮一段时间，捞出鸡蛋，即为白煮蛋。如果用勺子轻敲白煮蛋的壳，使壳产生裂缝；再在锅内重新盛放冷水，将水烧开后把茶叶、八角等各种作料等放入，然后把有裂缝的白煮蛋放进锅内煮一段时间，那么白煮蛋就变成了美味的茶叶蛋，如图3-1所示。从白煮蛋到茶叶蛋，这是一种迭代的过程。

图3-1 白煮蛋与茶叶蛋

基于教研工具应用的教研活动有两个层次，如同"白煮蛋"那样是基本要求，"茶叶蛋"那样是较高要求。在校本教研的实践中，学校要"煮"出有特色味道的"茶叶蛋"。总结评估"煮蛋"的过程，是为学校后续"煮"出更美味的特色"茶叶蛋"服务；对"煮蛋"过程进行总结评估与后续跟进"煮蛋"，两者相辅相成。

深度教研有一个迭代的过程，迭代的基础是总结评估，迭代呈现在后续教研构想的形成和跟进教研活动的展开中。从总结到完成评估，从评估到跟进实施，总结评估与教研跟进相依同行。

深度教研的总结是对已开展的教研活动进行回顾，这是评估的基础性工作。评估是立足于深度教研活动的组织与实施,以及教师的参与反思、教研工具的应用和反馈等环节与要素的综合评估。

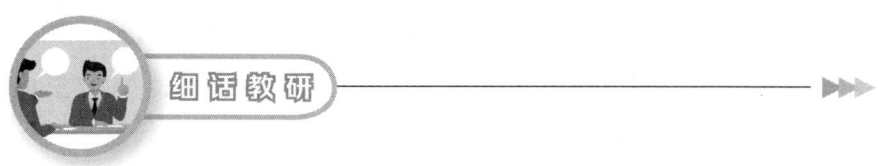

实事求是的质量评估,是深度教研活动持续推进的关键,是教学反思与改进的基础,更是推展螺钉模型实践应用的重中之重。

质量评估指标紧扣"三度",即从活动的主题与目标评估教研"高度"、从活动的内容与过程评估教研"广度"、从教师活动参与的表现及表达评估教研"参与度"。在评估形式和结果呈现上,可综合考虑量化评分与质性描述两种形式,既呈现简明清晰的判断结果,也具体阐述活动各环节的实施质量,从而明晰收获与经验,明确成果与不足,指明共识与改进,同时提出后续教研的跟进设想。这是求真务实的理性研讨,总结经验、形成共识,认清不足、聚力迭代,问题在共识中得到解决,教研在迭代中递进发展,深度层级的提升自然就在其中了。

以下细话教研,强化深度教研的质量评估。

第一节 深度教研评估概述

深度教研评估,是指立意深度教研的教研活动质量评估。通常,对教研活动质量进行评估,先要定位评估点,然后从主题确定、内容组织、过程安排的实施成效,以及教师参与和反思的行为特征等方面,正确、合理地运用教研工具,对教研活动实施情况作出量化评估或质性评估或综合评估。

教研活动质量与教研深度具有高度的一致性,而在教师主动参与教研活动的条件下,教研深度和教师参与度这两者密切相关。因此,可通过对教师参与度的评议,对教研深度形成初步评判,进而对教研活动质量作出评估。教研活动质量是活动设计与实施成效的体现,是众多因素综合作用的结果。对教研活动质量进行评估时,应特别关注如主题、内容、活动环节、教师主体等要素的表现。

一、主题与内容

在教研活动中,主题具有价值引领和目标导向的作用。主题的确立不仅要针对教学、教研面临的主要的、亟待解决的问题,同时也要着眼学科或学校发展的任务,以及适应教师现有专业水平等。确立主题是关注现实与精心设计的集中表现,而提出并确定主题要经过从无序到有序、变被动为主动的探寻过程,可见"确立主题"同时具有深化教研"质地"的作用。

主题是通过活动目标来诠释的。一般来讲,先让主题转换为活动目标,即完整制订活动目标;然后依据主题和活动目标,具体规划活动内容,呈现达成活动目标的策略和途径,进而落实主题要求。活动的目标与内容是相互联系的,即目标规定内容,内容支撑目标。因此,活动制订的目标应有可行性,且是可测量、可评估的;选取的活动内容要简明务实,有助于聚焦活动目标、落实活动主题要求,且既有丰富多样性,又有考虑时间等因素的适当调控。

二、角色与互动

在教研活动中,参与者的积极互动对提高教师参与水平起着决定作用。互动内容的针对性及其呈现方式的吸引力,直接影响到活动的有效性、创造力。

要强调为教师设置值得思考或行动的"参与点",提供相互对话和交流的机会。因此,我们要提倡有规格的互动,即明确流程,在观察与倾听中,聚焦思考问题,搜集证据,提炼归纳观点,并通过讨论进行表达。同时要求参与者注意互动过程中自身的角色及转换,比如从用心思考问题,到积极主动参与研讨和评议;或者从对局部事件进行讨论、发言较随意或零散,到聚焦主题、基于证据分析,踊跃发表意见等。这样,才能使教研活动朝着预设的轨道前行,并根据活动现场实际适当调控进程;才能创设良好环境,让参与者全身心投入、认真思考、积极贡献智慧,有序推进教研活动,实现活动的预期目标。

三、反思与激励

在教研活动实施的全过程中,反思和总结不可或缺。进行理性而深刻的反思,就是要着眼现实,对教研活动策划的执行、现场活动过程的进展、教师参与及其角色转换的行为表现等,实事求是地进行评析。要通过反思,对活动主题是否清晰、转换及传递是否失真,对活动目标确定与内容选择是否合理、实施策略与路径是否有效等,恰当作出判断,并从中总结和提炼经验,让经验转化为规范。同时,切实判定问题解决的程度并思考新情况和新问题,将问题化为前进的动力,不断修正、改进和完善教研活动的实施。

对教研活动反思的过程,是激活思维、点燃激情、释放智慧、激励自我的过程,会产生提升教研活动质量的强大动力。

在教研活动中,"主题"是假设,"活动"是验证,"评估"是为了迭代。也就是说,要及时进行评估,并针对教研活动中做得不到位的环节,快速迭代,想办法改进,从而提升教研活动质量,促进教师专业成长,进而促进教研品质提升。

第二节 深度教研"模型评估"

教研活动质量的高低,与活动的策划设计和组织实施相关,与教研深度的层级高低一致。高质量的教研活动起始于精心设计,功成于有效实施,要合理确定活动的目标和思路,切实关注活动的过程和内容,全面落实活动环节,力争卓有成效,促使教研深度通达较高层级。

在教研活动中,组织者可从主题确定、内容组织、过程安排等的实施成效,以及教师参与度、反思等方面的行为表现,来对教研活动质量进行评估。关于教研活动质量评估运作模型的构建,就是以此为思考基点的。

一、"三度"模型的框架结构

评估教研活动质量,可以借助对教研深度的评判进行。教研深度的呈现有高度、广度、参与度等三个维度,因此在教研活动团队与资源确定的情况下,对于教研活动质量的评估主要关注高度、广度、参与度这"三度"的表现。

深度教研实践进一步表明,"三度"之间是相互关联、相互作用的,各度的表现都会对教研活动的效果产生明显影响。此外,"角色与互动"是有效实施教研活动的关键所在,而角色有为、互动有格和转换有序等,主要显示在活动过程中。因此,要特别关注"广度"对于"高度"和"参与度"的基础性作用,并在质量评估中反映出来。另外,通过对有关评估实践的经验进行归纳分析,可将高度、广度、参与度这"三度"对教研活动质量评估的权重之比取为 1∶2∶2。

基于这样的认识,不妨在平面内取一点 O,分别沿竖直向上、水平向右、竖直向下这三个方向作射线,然后依次在这三条射线上分别取线段 OA、OB、OC,这三条线段的长度之比为 1∶2∶2,再画出△ABC。此时,把 OA、OB、OC 所在的射线分别作为刻画高度、广度和参与度的"数量轴",点 O 作为评估测量的"起始点";再假设点 A、B、C 分别是高度、广度和参与度的"期望点",则△ABC 表示教研活动的"期望质量",这样就得到一个可用于直观描述教研活动质量的基座 $O-ABC$。

进行教研活动质量评估时,可先对教研活动的高度、广度和参与度作质性评判,然后将评判结果做量化处理;再据此在线段 OA、OB、OC 上

分别定点 A_1、B_1、C_1 来表示，这些点是高度、广度和参与度的"评估点"；最后以点 A_1、B_1、C_1 为顶点，画 $\triangle A_1B_1C_1$。参见图 3-2。

将 $\triangle A_1B_1C_1$ 的大小看作本次教研活动成效的直观反映，通过考察 $\triangle A_1B_1C_1$ 的大小，可以推断教研活动质量的高低。建立基座 $O-ABC$ 并构建 $\triangle A_1B_1C_1$，就是对教研活动质量进行直观描述，这一活动过程称为教研活动质量评估运作模型，简称"三度"模型。

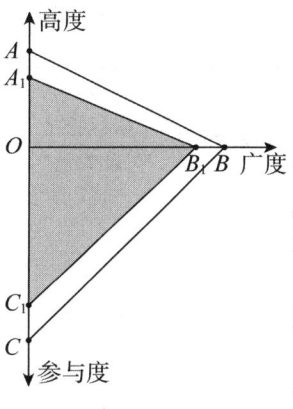

图 3-2　"三度"模型

二、"三度"模型的运作过程

为了简便表述，把图 3-2 中分别表示"高度""广度""参与度"的线段 OA、OB、OC 的长度依次记作 a、b、c，且设 $a:b:c=1:2:2$。这时 a、b、c 就分别表示高度、广度和参与度的"期望值"，对各度的质性评判结果做量化处理时，可相对于"期望值"给出评分，再依此确定"评估点"到点 O 的距离。比如，对"广度"的质性评判结果是"内容完整、重点突出；活动适当、过程基本合理"，则量化处理的评分记为 0.8，在线段 OB 上取长度等于 $0.8b$ 的线段 OB_1，就可确定"评估点"B_1。

对高度、广度和参与度进行质性评判，通常先作分层判断再进行仔细分析。为此，可将"三度"的质性表现各分为两个层级，与教研深度的"问题解决层"和"递进发展层"相对应，以其评估点分属"区间Ⅰ"或"区间Ⅱ"为标记。针对量化处理评判结果的要求，再明确"三度"各区间主要度量指标的特征，并分别赋值。

在总结和分析有关教研活动质量评估实践经验的基础上，制订如表 3-1 所示的"三度"评分表。

表 3-1 "三度"评分表

区间	指标特征及赋值		"三度"		
			高度	广度	参与度
I (0,0.5]	指标1	0.15	主题明确,阐释基本合理	内容相对完整	研讨参与面较广,发言有看法
		0.25	主题明确,阐释合理	内容完整	研讨参与面较广,发言有观点
	指标2	0.15	由主题转换的目标较完整,尚可行	过程可见	表达意见不够聚焦
		0.25	由主题转换的目标较完整,可行	过程有序	表达意见聚焦
II (0.5,1]	指标1	0.35	主题明确且呈现结构性,阐释基本合理	内容完整,重点较突出	针对主题,运用工具,研讨参与面较广
		0.50	主题明确且有结构,阐释合理	内容完整,重点突出且简明	针对主题,运用工具,研讨参与面广
	指标2	0.35	由主题转换的目标完整,尚可行	活动适当,过程较流畅	基于证据,论述不够完美
		0.50	由主题转换的目标完整,适切可行	活动适当且形式多样,过程流畅	基于证据,发表观点

上述评分表为将"三度"的质性评判结果作量化处理提供了参照。对于各"度"进行质性评判,其层级的确定通常是基于整体性判断,直接记为区间 I 或区间 II;其特征表现的描述涉及教研活动相关要素,主要通过有关指标进行反映,区间 I 或区间 II 中的指标1、指标2都有高低两个水平。指标内容中含有对活动要素提出的"基本要求""较高要求",这

与质性评估的层级相一致。一般而言,区间Ⅰ中的指标对要素提出"基本要求";区间Ⅱ中的指标对要素提出"较高要求"。"较高要求"是在"基本要求"基础上的递进,其关联指标是区间Ⅰ中类同指标的发展,表现在具体内容、重点等方面。

纵观表3-1,在"三度"所设两个区间的指标1中,分别涉及的要素是"主题""内容""参与及发言"。关于"主题",其"基本要求"在于明确性、合理性,"较高要求"在于结构性;关于"内容",其"基本要求"在于完整性,"较高要求"在于突出重点和简明呈现;关于"参与及发言",其"基本要求"在于广泛参与、踊跃发言,"较高要求"在于针对主题和运用工具。而在"三度"所设两个区间的指标2中,分别涉及的要素是"目标""过程与活动""表达与证据"。关于"目标",其"基本要求"在于完整性和可行性,"较高要求"在于适切性;关于"过程与活动",其"基本要求"在于可见性、有序性,"较高要求"在于适切性、多样性、流畅性;关于"表达与证据",其"基本要求"在于表达意见,"较高要求"在于基于证据论述。

运用"三度"模型对教研活动进行质量评估时,可先分别判定高度、广度、参与度的层级,相应地选取区间Ⅰ或Ⅱ;然后,对各度进行仔细分析,对照所选区间的度量指标1和指标2的特征,分别给出指标1、指标2的评估分,这两者之"和"即为区间评分;最后,依据"三度"各区间评分,分别决定对于各度评判的量化结果,再确定各度的"评估点"。关于质量评估的模型运作,就这样从对教研活动质量进行质性评判着手逐步展开。

下面参照"评分表",以"参与度"评估为例,解说关于确定"评估点"的具体操作。

如果对教研活动"参与度"的层级定为区间Ⅰ,关于指标1被评为"研讨参与面较广,发言有观点",其评估分就取0.25;关于指标2被评为"表达意见不够聚焦",其评估分就取0.15。那么,可得"参与度"的区间Ⅰ评分是0.25+0.15=0.40,评判结果的量化表示为$0.40c$。

按上面评判,假设认定活动"参与度"层级是区间Ⅰ、评判结果的量化表示为 $0.40c$,据此可在"三度"模型中的线段 OC 上取 $OC_1 = 0.40c$,这样就得到了"参与度"的"评估点" C_1。

对于教研活动"高度""广度"的"评估点"的确定,可类同"参与度"评估那样进行操作。分别确定了教研活动"高度""广度"和"参与度"的"评估点" A_1、B_1、C_1 后,就可画出 $\triangle A_1 B_1 C_1$,直观显示教研活动质量评估的结果。

如果对"三度"中某度的质性评判结果认定为基本达到"期望程度",那么其"评估点"就与"期望点"重合。但是,"三度"的各"评估点"与"期望点"通常是不重合的,因此"三度"模型中的 $\triangle A_1 B_1 C_1$ 总是落在 $\triangle ABC$ 的内部(含边界),$\triangle A_1 B_1 C_1$ 与 $\triangle ABC$ 的大小存在差异。$\triangle A_1 B_1 C_1$ 的面积大小是本次教研活动现实成效的直观反映,它与 $\triangle ABC$ 的"面积差"提示教研活动的组织实施还有改进余地。

上述用"三度"模型对教研活动进行质量评估的运作过程表明,注重客观的"三度"评分表,是预设的评估结构,是评估运作的基础,而"三度"模型是评估运作的根本。

考虑到便于评估者操作等因素,在保持"三度"评估的视角下,将"三度"评分表中"三度"指标特征进行简化,改造如下:

一是凸显"三度"评估观察点。对"高度",重点关注活动主题与目标及相应的观察点;对"广度",重点关注活动内容与过程及相应的观察点;对"参与度",重点关注活动中教师表现与表达及相应的观察点。

二是对"三度"表现进行程度描述。用 1~6 分进行评分,并对评分结果予以相应的举证说明。

这样改造后的"三度"评分表称为活动"三度"评估单,如表 3-2 所示。它作为评估工具适用于各级各类的教研活动,也更便于评估活动初次参与者操作。

表3-2 活动"三度"评估单

任务	评估观察点		评分(1~6分)	举证说明
请对本场活动评分	【高度】主题与目标	Ⅰ.活动主题明确,由主题转化的目标完整且尚可行		
		Ⅱ.由主题转化的目标任务适切可行,目标达成度好		
	【广度】内容与过程	Ⅰ.活动内容完整,重点较突出,活动过程有序		
		Ⅱ.内容重点突出,活动过程流畅且形式多样		
	【参与度】表现与表达	Ⅰ.研讨参与面较广,参与者能够聚焦主题表达意见		
		Ⅱ.参与者运用工具,基于证据发表观点		
	合计总分(总评1) "高度"评分×1+"广度"评分×2+"参与度"评分×2 =总分(长度单位)		总评1得分(1~30分)	
	合计总分(总评2) $\frac{("高度"评分\times1+"参与度"评分\times2)\times"广度"评分\times2}{2\times6\times6}$ =总分(面积单位)		总评2得分(1~3分)	

运用活动"三度"评估单对教研活动进行质量评估,其运作过程如下:

首先,确定本次教研活动层级,层级分设Ⅰ和Ⅱ,层级Ⅱ涵盖层级Ⅰ;然后,按所定层级进行评分,区间Ⅰ为1~3分(直接记1或2或3分),区间Ⅱ为4~6分(直接记4或5或6分);最后,按照"高度:广度:参与度=1:2:2"的权重,运算得到评估总分(长度单位或面积单位)。

这样评估"三度"表现,就形成对教研活动质量的量化评估结果。

关于合计总分的计算,有两种处理方式。

一是依"三度"权重进行处理。考虑"高度""广度""参与度"各自权重,确定三者加权分之和为总分,即"高度"评分×1+"广度"评分×2+"参与度"评分×2=总分,合计总分的取值范围是1～30分(长度单位)。

二是依"三度"模型评估进行简化处理。考虑"高度""广度""参与度"各自权重,确定三者所围成三角形的面积大小为总分,即

$$\frac{(\text{"高度"评分}\times1+\text{"参与度"评分}\times2)\times\text{"广度"评分}\times2}{2\times6\times6}=\text{总分}。$$

可知合计得分为 $\dfrac{(\text{"高度"评分}\times1+\text{"参与度"评分}\times2)\times\text{"广度"评分}}{36}$。

这时,合计总分的取值范围是1～3分(面积单位)。

填写活动"三度"评估单时,在"三度"的评分确定后,可按上述两种不同方式分别计算出总评1和总评2的得分。这两个总评得分具有同样的评估意义,在一般情况下,对这一活动质量的总评得分可自主选取这两者之一如实填写。

在系列教研活动中,对某个教研活动进行质量评估时,可运用活动"三度"评估单得到一个总评得分,也可运用"三度"评分表通过作三角形求面积大小得到一个"直评分"。为了将若干个教研活动在质量评估中各自得到的评分作比较分析,通常要对各个活动相应所得的总评分或直评分进行"同化"处理,即将各教研活动质量评估得分统一归化为总评1得分或总评2得分或直评分,然后比较它们各自得分的大小,为整体性判断和评估系列活动质量提供思考依据。

不难看出,因为某个教研活动的总评1得分与总评2得分是由"三度"评分按两种不同计算方式进行总评所得到的结果,所以它们之间可通过"三度"评分建立联系并进行转换;而总评2得分与直评分这两者其实是相同的,它们可直接相互转代。因此,为对系列教研活动质量作整体性判断而进行比较分析时,可根据需要先将各个教研活动的质量评估

得分归化为总评 1 得分或总评 2 得分或直评分,再进行比较和判断。

三、"三度"模型的应用实例

关于教研活动质量评估的"三度"模型的实践应用,以上海市"2019 年区教研室主任'统编三科教材'推进专题研修活动"为例,进行简要分析和说明。

1. 教研活动实例简介

为了进一步落实教育部关于"统编三科教材"使用工作的要求,推进上海市"统编三科教材"使用工作,进一步提升各区教研室主任专业发展与管理能力,市教研室于 2020 年 1 月 17 日至 19 日期间,举办了"2019 年区教研室主任'统编三科教材'推进专题研修活动"。

本次研修活动的主题是"新教材·新课堂·新教研";活动的参与者是上海市各区教研室主任、"统编三科教材"区教研员代表,以及市教研室相关学科教研员、综合教研员等,总人数约 60 人。

研修活动由 4 个单元组成,要求使用研修工具与支架,采用深度参与和沉浸式体验的研修方式,设计的研修流程是"合—分—合"。

第一单元为启动阶段(合),活动安排:"统编三科教材"市级推进和使用工作综述,专题研修活动的组织工作说明,市教研室主任提出专题研修活动的期盼。

第二、三单元为深度研修阶段(分),活动安排:分设"教材分析""关键能力""情境创设""练习资源"等 4 个专题,这 4 个专题来源于"统编三科教材"教学中存在的 4 个主要问题。全体研修人员分成 4 个专题小组(每组另加 2 名专家),每个小组围绕一个专题展开研修。

在专题研修时,首先,明确专题研修的目标、内容等;然后,以区教研室主任与"统编三科教材"区教研员代表合作的形式,交流本区推进"统编三科教材"使用工作的现状、经验、困惑,探讨推进的路径、方法、策略等;最后,各小组展开研讨,达成共识,提炼主要观点,制作小组海报,汇集小组集体智慧等。

第四单元为分享阶段(合),活动安排:首先,由4个小组基于海报作专题交流,利用海报呈现小组的共识、需进一步研究的问题等;然后,专家点评和市教研室主任总结研修活动,部署进一步推进"统编三科教材"研修的工作并提出有关要求。

2. "三度"模型运用概述

本次教研活动通过设置深度研修阶段,为教师深度参与活动提供了互动的时空,教师参与度达到了较高水平。比如,在活动主题"新教材·新课堂·新教研"引领下,研修单元中分设"教材分析""关键能力""情境创设"和"练习资源"4个专题,相应建立4个专题小组,每个小组都有明确的研修目标和研修任务;同时强调使用研修工具与支架,聚焦专题展开研讨,有利于各小组深化认识和达成共识;还要求使用海报这一特殊工具开展小组专题交流,不仅可通过逻辑关系来呈现活动的总结及预期目标的实现,也可借助艺术的手段显示研讨的信息或反映尚未解决的问题等。这些做法促进了教师的深度参与。

下面运用"三度"模型对这次研修活动进行质量评估,解说"教材分析""练习资源"2个专题小组的研修活动质量评估过程。

(1)"教材分析"专题小组研修活动质量评估

"教材分析"小组研修活动基本情况评析:

① 确定的研修目标是通过对新教材的文本解读,领悟教材编写意图,明确教材逻辑结构,确定教学目标等。其活动主题明晰,在主题引领下所确定的"教材分析"专题研修目标具有可行性,是可评估的。

因此,"高度"上的评估点定在区间Ⅱ内。对照区间Ⅱ度量指标1和指标2的特征,可分别评为"主题明确且有结构,阐释合理"和"所转换的目标完整,适切可行",确定"高度"的区间评分为 $0.50+0.50=1.00$,评判结果的量化表示为 a。

② 规定的研修内容是通过对新教材的背景分析,运用单元解析方法,形成区研修的工作方案,明晰教师研修路径和策略,提升教师对于新教材的文本解读能力。其活动内容聚焦且简明,在对教材分析应该做哪

些事、区域层面该如何做等研讨过程中,大家各抒己见,集思广益,研修路径明晰,但推进策略选择的讨论需进一步完善。

因此,"广度"上的评估点定在区间Ⅱ内。对照区间Ⅱ度量指标1和指标2的特征,可分别评为"内容完整,重点突出且简明"和"活动适当,过程较流畅",确定"广度"的区域评分为 $0.50+0.35=0.85$,评判结果的量化表示为 $0.85b$。

③ 围绕主题与"教材分析"专题,运用工具进行研讨,通过海报呈现出教材分析框架,认为教材分析应在背景分析、单元解析、研修内容、研修形式、研修保障等方面进行分析,其中研修内容包括课程知识和本体知识等。在各区分享交流时,倾听多,对话少等。绘制海报时,大家纷纷出主意但用时较多,超过活动时间,最后只能以主持人及小组专题交流代表的意见为主形成海报。

因此,"参与度"上评估点定在区间Ⅱ。对照区间Ⅱ度量指标1和指标2的特征,可分别评为"针对主题,运用工具,研讨参与面较广"和"基于证据,发表观点",确定"参与度"的区间评分为 $0.35+0.50=0.85$,评判结果的量化表示为 $0.85c$。

小组研修活动质量评估结果:

综合上述评析,作出基座 $O-ABC$,$OA=a$,$OB=b$,$OC=c$;取 $OB_1=0.85b$,$OC_1=0.85c$,确定"高度""广度""参与度"的"评估点"分别为点 A、B_1、C_1,再连接 AB_1、B_1C_1,得到 $\triangle AB_1C_1$。教研活动质量评估结果如图3-3中 $\triangle AB_1C_1$ 所示。

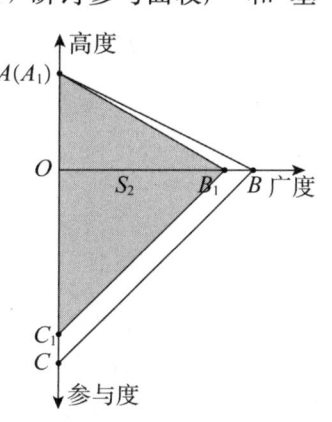

图3-3 "教材分析"专题小组研修活动质量评估结果

(2)"练习资源"专题小组研修活动质量评估

"练习资源"小组研修活动基本情况评析:

① 确定的研修目标是领悟练习册的价值导向,明确练习册与课堂教学关联,开展练习册中了解和探究社会的活动等。其活动主题明晰,确

定的"练习资源"专题研修目标完整,若多从课程资源开发与利用的视角去思考及转换目标则更好。

因此,"高度"上的评估点定在区间Ⅱ内。对照区间Ⅱ度量指标1和指标2的特征,可分别评为"主题明确且有结构,阐释合理"和"所转换的目标完整,尚可行",确定"高度"的区间评分为 $0.50+0.35=0.85$,评判结果的量化表示为 $0.85a$。

② 规定的研修内容是基于教情和学情,丰富练习的形式,控制练习的量,关注教师对练习的评阅,发挥练习的诊断及改进教学的作用,强化练习资源与课堂教学资源的融通,提高区域在练习册校本化实施研究、优化练习设计、改进课堂教学等方面的能力。活动流程是,明确任务与分工,各区分享交流"练习资源"专题的做法、经验与困惑,开展在区域层面如何更好地推进练习资源的研讨,形成区域层面推进练习资源的初步设想等。在分享交流环节,较偏重内容完整,而与关键能力、突出情境创设等的关联需进一步加强。

因此,"广度"上的评估点定在区间Ⅱ内。对照区间Ⅱ度量指标1和指标2的特征,可分别评为"内容完整,重点较突出"和"活动适当,过程较流畅",确定"广度"的区间评分为 $0.35+0.35=0.70$,评判结果的量化表示为 $0.70b$。

③ 围绕主题与"练习资源"专题,运用工具进行讨论交流。在研讨中,学科教研员都是从学科的角度来思考"练习资源",区教研室主任等更加关注区域推进事宜,对问题聚焦不够,影响达成共识,且用时较长。针对这样的情况,能及时调整研讨策略,通过每人负责写几点思考,提交给主持人及小组专题交流代表汇集归纳,并用两张海报呈现进行专题交流。

因此,"参与度"上评估点定在区间Ⅱ。对照区间Ⅱ度量指标1和指标2的特征,可分别评为"针对主题,运用工具,研讨参与面较广"和"基于证据,发表观点",确定"参与度"的区间评分为 $0.35+0.50=0.85$,评判结果的量化表示为 $0.85c$。

小组研修活动质量评估结果：

综合上述评析，作出基座 $O-ABC$，$OA=a$，$OB=b$，$OC=c$；取 $OA_1=0.85a$，$OB_1=0.70b$，$OC_1=0.85c$，确定"高度""广度""参与度"的"评估点"分别为点 A_1、B_1、C_1；再连接 A_1B_1、B_1C_1，得到 $\triangle A_1B_1C_1$。教研活动质量评估结果如图 3-4 中 $\triangle A_1B_1C_1$ 所示。

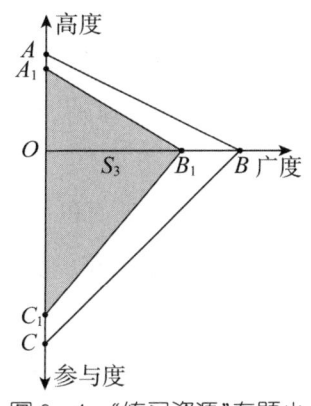

图 3-4 "练习资源"专题小组研修活动质量评估结果

3. 质量评估结果图示追溯

图 3-3 和图 3-4 直观显示了"教材分析""练习资源"这两个专题小组研修活动的质量评估结果。利用图示，可引发对研修活动过程的追溯与深思。

（1）审视"评估点"与"期望点"

利用质量评估结果示意图中"三度"各"评估点"与"期望点"出现不重合（或重合）的状况，对教研活动过程进行反思。

在图 3-3 中，关于"高度"的"评估点"是 A 点，即"评估点"与"期望点"重合，直观表明教研活动所确立的主题正确鲜明、转换的目标适切可行，着实发挥了正确导向的作用。"广度"上的"评估点"B_1 与点 B 不重合，"参与度"上的"评估点"C_1 与点 C 也不重合，提示现场教研活动中"广度"和"参与度"两方面的表现存在不足。

（2）审视"生成三角形"与"期望三角形"

利用质量评估结果示意图中相关两个三角形出现大小差异的现象进行反思。

在图 3-3 中，以"高度"与"广度"为边所形成的 $\triangle AOB_1$，其面积大小表示从主题导向活动设计的生成质量；连接 AB 所得 $\triangle AOB$，其面积大小则反映从主题导向活动设计的期望质量。$\triangle AB_1B$ 的面积是上述两个三角形的面积之差，显示出预设与生成之间的落差，提示教研活动实施中有些做法需切实改进。

在图 3-3 中,以"广度"与"参与度"为边所形成的 $\triangle B_1OC_1$,其面积大小表示现场教研活动中"广度"与"参与度"实际表现聚合的生成质量;连接 BC 所得 $\triangle BOC$,其面积大小则反映教研活动中"广度"与"参与度"最佳表现聚合的期望质量。四边形 C_1CBB_1 的面积是 $\triangle BOC$ 与 $\triangle B_1OC_1$ 两者的面积之差,提示在教研活动实施中,某些内容组织的适切性、某些环节安排的合理性、教师参与活动和研讨问题的行为表现等需进一步改善。

(3) 审视"三角形面积"

通过对于质量评估结果示意图中两个三角形面积的大小比较进行反思。

为简便起见,设 a 为单位长度,即 $a=1.00$,则 $b=2.00$,$c=2.00$;在图 3-3 和图 3-4 中,$\triangle ABC$ 的面积 $S=3.00$(面积单位)。在图 3-3 中,$\triangle AB_1C_1$ 的面积 $S_2=2.295$;在图 3-4 中,$\triangle A_1B_1C_1$ 的面积 $S_3=1.785$。由于 $S_2<S$、$S_3<S$,即两个专题小组的研修活动生成质量与期望质量都存在差异,表明各小组都应大力改进研修活动的组织实施。如果同时观察图 3-3 与图 3-4,比较 S_2 与 S_3 的大小,可见 $S_2>S_3$,说明"教材分析"专题小组研修活动质量较高。

总而言之,有质量的教研活动是教师专业发展的重要支持,是教育质量提高的有力保障。关于教研活动质量的评估,从理论到实践都要继续深入研究;"三度"模型的构建及其运用,是有益的实践探索。

运用"三度"模型进行质量评估,有其简便性和直观性,但也有必要对一些问题持续进行深入探讨,例如:关于"三度"内涵界定的完整性、权重配比的合理性,关于"三度"质性评判指标设计的适切性、量化表示的匹配性,等等。

第三节 深度教研"质性评估"

深度教研质性评估,重在对教研活动中教师、学生的行为进行观察,对相关信息进行收集和分析归纳,并在此基础上对教研活动进行总结、反思,呈现教研活动的内容及结果等。为真实全面地认识教研活动的成效,有必要对教研活动质量作质性评估。

一、深度教研"质性评估"的框架设计

"三度"模型用于对教研活动质量进行量化评估,并以"三度"评分表作为参照。对教研活动质量实施质性评估时,也要有所依凭,因此应对质性评估的内容进行设计。

关于质性评估内容的设计,通常是基于螺钉模型中各要素及其相互关联,坚持全面与重点相结合,采用"连栏突点"方法。"连栏"就是把教研活动中各要素的重点连接成围栏,即将主题—内容—活动—参与—反思进行连接,形成质性评估框架,凸显相同观察视角;"突点"就是观察者根据自身状态至少选择一个观察点,进行重点观察并简单描述和评议,这个重点观察的点可从评估框架所含要素中选定,也可自定,凸显不同观察视角。据此,设计教研活动质量评估单,如表3-3所示。

表3-3 教研活动质量评估单(样张)

要素	观察点	
主题	(1) 指向教学实践中的问题:_____ (2) 本主题下第_____次活动 (3) 活动目标:_____	☐ 符合实际 ☐ 指向明确 ☐ 有引领性 ☐ 有结构性 ☐ 其他:___
内容	☐ 内容回应主题 ☐ 内容完整且有重点 ☐ 内容完整且简洁 ☐ 内容较多,部分不围绕主题 ☐ 内容很多,部分不围绕主题 ☐ 其他:_____	
活动	核心任务:_____ ☐ 重点突出 ☐ 安排有序 ☐ 流程清晰 ☐ 形式多样 ☐ 形式单一 ☐ 其他:_____	

(续表)

要素	观察点
参与	☐ 不到1/3人参与研讨　☐ 1/3至2/3人参与研讨 ☐ 超过2/3人参与研讨 ☐ 大多数人针对本次研修活动的主题进行发言 ☐ 大多数人运用"活动研讨记录单"展开讨论 ☐ 大多数人能依据"活动研讨记录单"记录下的证据发表观点 ☐ 其他：_____
反思	☐ 对活动结果有思考　　☐ 对活动结果有深入思考 ☐ 对问题解决过程有思考　☐ 对问题解决过程有深入思考 ☐ 对活动成果应用于教学实践有思考 ☐ 对活动成果应用于教学实践有计划 ☐ 其他：_____
简述	对上述"主题、内容、活动、参与及反思"等要素，请至少选择一个要素进行简单评估。评估时，请先从"观察点"中提炼关键词或自定关键词，然后围绕关键词并基于事实和证据进行简述。 　我选择_____要素，简述的关键词是：_____ 　我认为：_____

【注：表中"观察点"栏内，"_____"用于填空，"☐"用于选择，可以多选；若选择"其他"，请说明原因。】

利用表3-3进行评估的过程包括两个部分。一是在"主题""内容""活动""参与""反思"栏目中，按观察点提示进行评述（表中显示为"选择"或"画线填空"），凸显规格，体现共性；二是在"简述"栏目中，在观察点指引下自主选择关键词进行评述，突出品质，体现个性。"简述"的内容具有自主性和灵活性，没有固定的程序；描述内容的过程，反映的是对教研活动中有关行为特征的发现与归纳过程。

二、深度教研"质性评估"的应用实例

在上海高中新课程新教材（以下简称"双新"）实施工作的推进过程中，为了进一步提升"双新"背景下学科教研活动的质量，上海市物理学科以"理念·实践·跃迁"为主旨，开展了三次主题教研活动，每次活动

都是立意深度教研、基于螺钉模型进行运作。这三次主题教研活动的时间和主题分别为：第一次于2020年8月举办，主题是"理念·实践·跃迁——高中物理教学中落实学科核心素养的上海实践探索"；第二次于2021年1月举办，主题是"理念·实践·跃迁——高中物理单元教学设计及实施的上海探索"；第三次于2021年4月举办，主题是"理念·实践·跃迁——例说圆周运动单元教学设计及实施"。

以"理念·实践·跃迁"为主旨的教研具有结构性、序列化的特点，举办的三次教研活动组成系列，以主题教研活动形式呈现，铺展深度教研进程。各次主题教研活动，分别由若干活动组成系列，围绕主题展开深度教研。下面以第三次主题教研活动为例，简述如下。

1. 第三次主题教研活动概况

第三次主题教研活动，由四个"子活动"组成系列，其中三个是团队研修活动，另一个是在线论坛。将四个"子活动"依次记作活动1、活动2、活动3、活动4，其活动概况如图3-5所示。

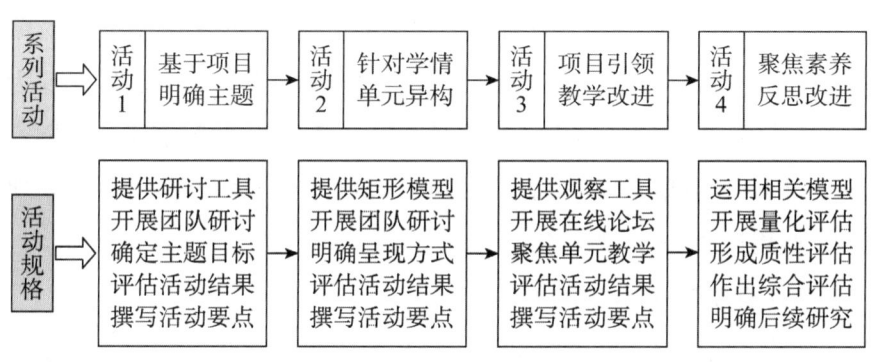

图3-5 第三次主题教研活动概况

（1）基于项目，明确主题

活动1由教研团队主办。教研团队根据已有项目"普通高中基于学科核心素养的深度学习教学改进"的阶段研究成果及以"理念·实践·跃迁"为主旨的第二次主题教研活动的进展，拟定第三次教研活动的组织实施方案。通过研讨，明确"理念·实践·跃迁"引领下的第三次教研活动，聚焦于一个单元教学实践，活动实施以学校为主体，注意考虑学校的层次。具体确定本次教研活动的主题是"理念·实践·跃迁——例说圆周运动单元教学设计及实施"。又根据本次活动实施深度教研的需要,在教研团队中补充了若干高中物理教师等。

(2) 针对学情,单元异构

活动2由教研团队主办。在活动过程中,大家认为,单元学习内容相同但教学对象不同,则学习内容呈现方式也要有所不同,应设计不同的单元核心任务。于是组建了向明中学团队和空中课堂录制团队,对"圆周运动"单元内容进行教学设计研讨。

向明中学团队遵循主题导向,针对"圆周运动"单元内容,根据学生基础好的实际情况,设计本单元核心任务是"认识自行车的运动"。空中课堂录制团队按主题的要求和学生基础较好的定位,设计"圆周运动"单元核心任务是"认识旋转飞椅的运动"。

以自行车为研究载体时,由于在研究描述车轮上质点的运动到研究自行车匀速转弯的运动的过程中,含有建立线速度、角速度、周期、向心加速度、向心力等物理概念,因此学习"圆周运动"单元内容,其研究对象是变化的,它从自行车车轮上的质点变为自行车整体。而以旋转飞椅为研究载体时,在"圆周运动"单元学习过程中,其研究对象不变。这样安排两个团队开展单元教学实践,课堂结构、教与学方式等是不同的,实现了对"圆周运动"单元异构等。

(3) 项目引领,教学改进

活动3以在线论坛形式呈现。论坛流程为微报告、微论坛、主题发言、专家点评等,具体活动如下。

① 微报告

微报告包括主报告与分报告。主报告的题目是"指向深度学习的单元教学设计与实践",主要介绍了"普通高中基于学科核心素养的深度学习教学改进"的项目研究情况,开展单元教学实践,改进课堂教学等。分报告的题目是"研读课程标准 细化内容目标——以'圆周运动'为例",主要介绍了将课程标准要求细化为教学目标的操作路径等。

② 微论坛

向明中学团队和空中课堂录制团队围绕例说"圆周运动"的单元教学设计与实施,分别进行了微论坛交流。他们主要介绍了如何针对学情设计不同的单元核心任务,开展"圆周运动"单元教学。

③ 主题发言

主题发言从深度学习"五大特征"出发,解析向明中学和空中课堂录制两个团队的单元教学设计等,示明可供借鉴的操作路径。

④ 专家点评

针对向明中学团队和空中课堂录制团队各自在"圆周运动"单元教学设计及实施中的特点,专家进行了回应。

(4) 聚焦素养,反思改进

活动4由教研团队主办。教研活动的重点是聚焦素养、运用工具,总结评估、提炼经验,反思问题解决,思考新问题,提出后续跟进研究的设想,明晰本次深度教研活动案例的撰写思路等。

由图3-5可知,开展深度教研,其主题的落实需要通过系列活动的有效实施来保障。在系列教研活动中,每次活动的实施要求,首先是提供教研工具,明确研讨主体;其次是明晰主要任务,评估活动结果;最后是撰写活动要点或纪要、案例等。强调要重视及时且深刻的反思与评估,抓住持续推进教研活动的关键。

对第三次主题教研活动进行评估,其评估对象是这次教研活动整体,或者是其系列活动中的每次教研活动;评估的实施,可依据"三度"模型对活动进行量化评估,或者运用教研活动质量评估单进行质性评估。

2. 深度教研质性评估实施过程简介

现以第三次教研活动中的活动3"在线论坛"为例,运用教研活动质量评估单进行质性评估。实施评估时,提供质量评估单,安排专人填写;有关内容填写完毕,则质性评估完成。质性评估结果,如表3-4所示。

表 3-4 "在线论坛"教研活动质性评估结果

要素	观察点	
主题	(1) 指向教学实践中的问题：<u>如何通过单元教学实践落实物理学科核心素养</u> (2) 本主题下第 __3__ 次活动 (3) 活动目标：<u>明晰物理学科单元教学设计及实施等</u>	☑ 符合实际 ☑ 指向明确 ☑ 有引领性 ☑ 有结构性
内容	☑ 内容回应主题　☑ 内容完整且有重点　☑ 内容完整且简洁	
活动	核心任务：<u>项目引领，单元异构，教学改进</u> ☑ 重点突出　☑ 安排有序　☑ 流程清晰　☑ 形式多样	
参与	☑ 超过 2/3 人参与研讨　☑ 大多数人针对本次研修活动的主题进行发言 ☑ 大多数人能依据"活动研讨记录单"记录下的证据发表观点	
反思	☑ 对活动结果有深入思考　☑ 对问题解决过程有思考 ☑ 对活动成果应用于教学实践有思考	
简述	我选择<u>"活动"</u>要素，简述的关键词是：<u>聚焦主题、流程清晰、重点突出</u> 　我认为：<u>本次活动聚焦主题"理念·实践·跃迁——例说'圆周运动'的单元教学设计与实施"，设计了微报告、微论坛、主题发言、专家点评等四个环节的活动。其中，微报告由主报告与分报告组成，主报告主要介绍了项目"普通高中基于学科核心素养的深度学习教学改进"的研究情况等；分报告以"圆周运动"单元为例，主要介绍了教学目标细化的路径等。微论坛由向明中学团队和空中课堂录制团队围绕各自的单元核心任务，从课堂实践的角度进行阐述。主题发言再析向明中学和空中课堂录制两个团队的单元教学设计等。专家点评剖析向明中学和空中课堂录制两个团队在"圆周运动"单元教学实践的特点等。</u> 　<u>本次活动流程安排合理紧凑，各环节均有对活动主题的阐释与说明。研究重点突出，体现出"普通高中基于学科核心素养的深度学习教学改进"项目的阶段成果和应用效果。本次活动是一次"主题异构"教学研讨活动，体现出各团队构建研究共同体开展理论研究的团队智慧，也充分展示出思维碰撞、经验分享的实践意义。</u>	

表 3-4 是对活动 3 进行质性评估的情况。如果要对第三次教研活动的整体或每次教研活动进行质性评估，那么评估应着重围绕系列化、深层次、持续性展开。这时更要整体关注各个活动的进程，关注阶段性研究间的衔接，并对教师参与行为的变化情况加强分析等。而在反思和评估时，可以运用信息技术，如参看事先摄制的系列活动录像，考察教师

在系列活动中或者几个系列活动间的参与行为的系列变化,分析序列化主题在系列活动中的落实情况,进而对教师参与活动的效果作出判断,对深度教研的发展情况进行评析。

第四节　深度教研"综合评估"

运用"三度"模型对教研活动进行量化评估,讲求客观描述;利用教研活动质量评估单对教研活动进行质性评估,偏重主观评述。量化评估和质性评估从不同视角且用不同方法,各自对教研活动质量进行评析,作出判断,它们互为补充,相互支持。

将"三度"模型与教研活动质量评估单两者结合使用,就可以对教研活动作出综合评估。

一、深度教研"综合评估"的框架设计

一般而言,深度教研的运行框架如图3-6所示。图中表明,教研活动质量与教师专业发展共同体现教研品质,螺钉模型与操作指南共同促进深度教研活动的有序运作。

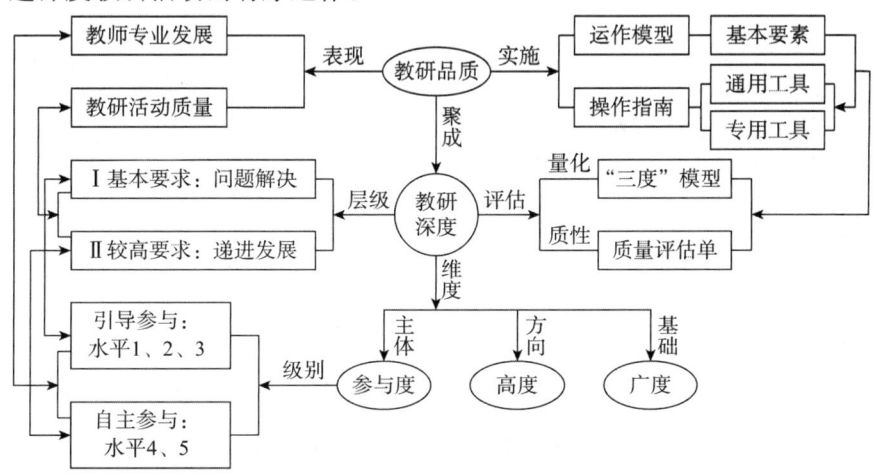

图3-6　深度教研运行框架

教研品质聚成教研深度，教研深度分为"问题解决"和"递进发展"两个层级，有"高度""广度""参与度"三个维度，其中"参与度"设"引导参与"和"自主参与"两级五个水平层次。

对教研活动评估是深度教研持续推进的关键，教研品质集中体现在教研深度层级上，教研活动评估与教研深度评判相互联通，因此对教研活动质量评估，可以通过对教研深度的评判来实施。于是针对教研深度，围绕"高度""广度""参与度"来构建"三度"模型或设计教研活动质量评估单。这时，教研活动质量评估的主要路径是运用"三度"模型，对教研活动进行量化评估；或利用教研活动质量评估单，对教研活动进行质性评估。

对教研活动质量评估也可以这样思考与实践评估路径：直面"高度""广度""参与度"这三个维度，下设一级指标和含高低两个水平的二级指标(指标内容源于"螺钉模型"的六个基本要素)，如图 3-7 所示；针对二级指标的特征分别赋值，再建立有关算法评估模型来评估教研深度，判定教研深度层级。这个关于深度教研评估的基本思考，有待于进一步深化"教研深度"的量化评估研究后再完善阐释。

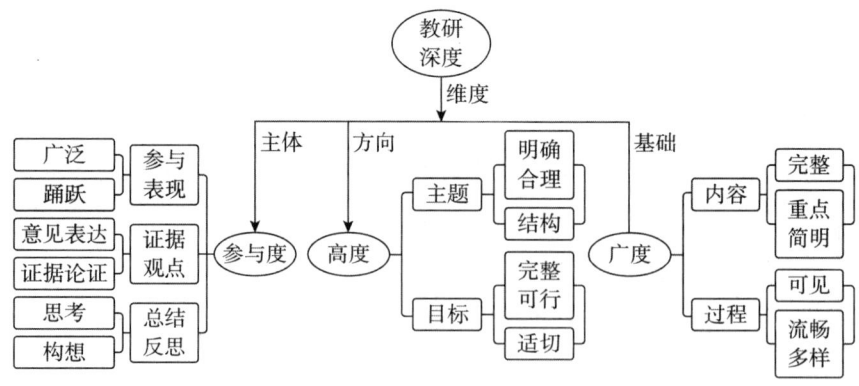

图 3-7　直面"三度"的思考路径

在对教研活动质量进行评估时，先依次进行量化评分与质性描述，然后以"三度"为聚合点，将两种评估结果结合起来对教研活动效果作出评估判断，就是在评估形式和结果呈现上综合考虑量化评分与质性描述两种形式,既呈现简明清晰的判断结果,也具体阐述活动各环节的实施质量,这种评估方式称为"综合评估",据此构建"综合评估"的框架。

"三度"模型、教研活动质量评估单以及直接从教研深度各维度来评估教研活动,都是围绕高度、广度、参与度这"三度"展开的,都是针对教研深度的。另外,"参与度"主要反映教师参与活动中的表现与表达等,再联系深度教研的基本特点,可见"参与度"中有"高度""广度"的行为特征表现,所以说教研深度与教师参与度相依相随,教研深度的"问题解决层"和"递进发展层"这两个深度层,对应于教师参与度水平的层次分别是"引导参与"和"自主参与"。

如上所述,通过对教师参与度水平的评议,能大致判定教研深度的层级,并将它作为深度教研评判的重要部分。

无论是"三度"模型、教研活动质量评估单,还是直接对教研深度三个维度评判或对教师参与度评议,都指向全面、深入、多角度地评估教研活动质量。这是"三角互证法"的体现,是将质的研究与量的研究融合起来的一种综合性研究方法,它为系统性、结构化地解释教研深度提供了合理思考的依据。

进行教研活动质量评估,涉及"三度"模型、质量评估单和教师参与度评议,这三者之间的关系如图 3-8 所示。

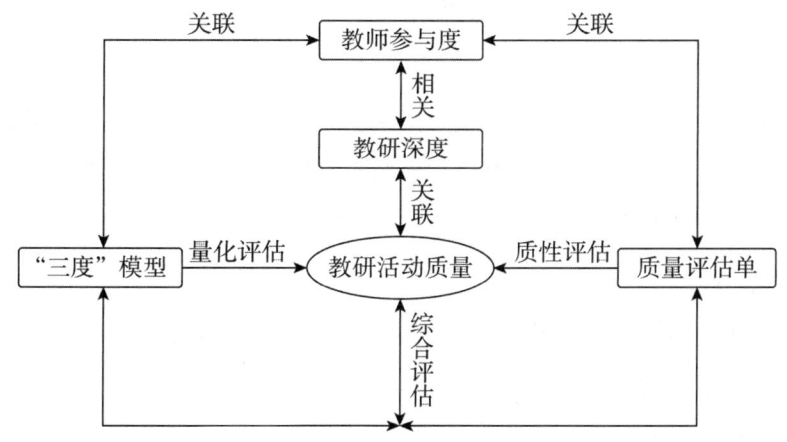

图 3-8 "三度"模型、质量评估单、教师参与度三者关系

开展深度教研的研究,是为了提升教研品质。教研活动质量高低与教研深度正相关,关于教研深度评估,不同评估视角需采用不同评估方式。总之,在教研活动质量评估时,应引导教研员和教师全面、深入、多角度地对教研活动进行总结反馈、经验分享,提升参与者的获得感,促进教研活动向着系列化、深层次、进阶性、持续性有效推进,实现研修与培训的相融共促、共生发展的教研形态,从而提升教师的专业发展水平。

二、深度教研"综合评估"的应用实例

运用"三度"模型对教研活动质量进行评估,其结果的显示有量化特征。这样的"量化评估",所得结果简明清晰、便于判断。但是,"量化评估"的结果缺少反映质量状况的具体描述,因此,还有必要作出关于教研活动质量状况的评述,即同时进行"质性评估",与"量化评估"相辅相成。将"量化评估"与"质性评估"两者结合起来,就可以对教研活动质量作出综合评估。

1. 深度教研活动举例

下面以上节所述上海高中"双新"实施工作推进过程中,物理学科在"理念·实践·跃迁"引领下的第一次主题教研活动为例,简要介绍深度教研的实践研究。

(1) 深度教研活动的组织实施

"理念·实践·跃迁"引领下的第一次主题教研活动,主题是"理念·实践·跃迁——高中物理教学中落实学科核心素养的上海实践探索"。活动由教育部基础教育课程教材发展中心、课程教材研究所主办,上海市教育委员会教学研究室、普通高中物理学科上海教研基地承办,中国教研网协办。

本次教研活动基于螺钉模型开展,以主题教研活动形式推进。全部活动由五个"子活动"组成系列,其中四个是团队研修活动,另外一个是在线论坛,如图3-9所示。

图3-9中的活动1、活动2、活动3、活动4和活动5,组成系列教研

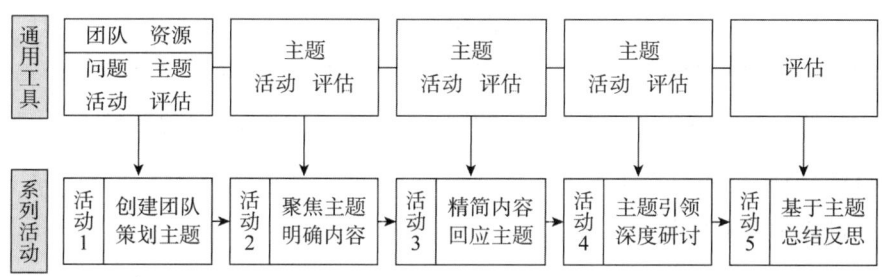

图 3-9 第一次主题教研活动概况

活动,从活动策划到现场实施都由教研团队负责。各次活动情况简介如下:

① 创建团队,策划主题

活动 1 的重点是创建团队、选择资源、确定问题、策划主题等。

首先,根据螺钉模型,运用深度教研中的通用工具——"属性表"进行团队创建与资源选择。

按"教研团队属性表",本次活动的教研团队由 5 个"基地"各确定 2 名高中物理教师或教研员共计 10 名成员组成;每个"基地"团队还需要开展若干次相应研讨活动。教研团队任务主要是活动策划和运用教研工具组织研讨等。教研团队责任分工明确,就是要求全体成员基于活动主题内容,既分担职责任务又加强合作互助。

按"教研资源属性表",本次活动选择的资源类型为纸质材料、电子文本、视频等,资源内容为教研工具等。为促使教师深度参与活动过程,教研团队要求每位教师根据自身需求,阅读这些资源对应的文本。

其次,运用通用工具——"属性表",对"问题—主题—活动—评估"运行路径中各要素进行分析,在此基础上,组织教研团队对学科核心素养与物理教学需要研究的问题进行研讨,并关注层次性。

通过观点梳理,确认"如何在物理教学中落实学科核心素养"是亟待解决的问题。这个问题是各个"基地"正在研究的攻关问题,是提升当前教研活动质量的一个新生长点,也是本次深度教研活动的起点。

在研究过程中,通过对相关问题的进一步分析,明确教学实践应聚焦学科核心素养培育,目的是切实改进教学,彰显学科育人价值。因此,确定本次教研活动的主题为"理念·实践·跃迁——高中物理教学中落实学科核心素养的上海实践探索"。主题明确后,再将主题转换为活动目标,活动目标是整体理解物理学科核心素养,增强物理课堂教学实践,促进教师专业成长。

最后,用"三度"模型或教研活动质量评估单对活动 1 进行评估;在此基础上,针对教师参与教研活动中确定教研主题等行为特征,结合"教师参与度各层水平的行为特征"和"教研深度和教师参与度关系",将教师参与度定为水平 3"工具引导",教研深度为"问题解决层"。

② 聚焦主题,明确内容

活动 2 的重点是运用模型、聚焦素养、明确内容、展开研讨等。

首先,根据主题与目标,确定研修内容:如何理解学科核心素养的物理观念、科学思维、科学探究和科学态度与责任等四个方面,如何在物理课堂教学中落实学科核心素养,如何评价教学效果。

其次,针对问题,运用工具,对各个"基地"交流的内容展开研讨。明确教研活动应聚焦学科核心素养的本质内涵,梳理出对学科核心素养认识的要求,如物理观念要突出物理观念内涵理解、物理观念基本内容和教学实践探索等,强调交流内容不是汇报"基地"的课题。

在此基础上,用"三度"模型或教研活动质量评估单,对解决问题等活动效果进行评估。对活动实施结果进行反思改进后,各个"基地"侧重学科核心素养的某一方面确定专题,继续开展研讨,如研究物理观念专题的"基地",选取"基于物理观念导向的教学实践"专题开展研讨活动。

针对教师参与活动 2 中总结与反思等的行为特征,结合"教师参与度各层水平的行为特征"和"教研深度和教师参与度关系",将教师参与度定为水平 4"任务参与",教研深度为"递进发展层"。

③ 精简内容,回应主题

活动 3 的重点是围绕主题、突出重点、精简内容、深度研讨等。在各个"基地"开展专题研修的基础上,本次教研活动围绕主题与目标,继续对各专题内容开展研讨；要求讨论交流应突出重点，简明扼要。

因专题研讨时间限定为 20 分钟，由专用工具——矩形模型可知，为了提高教师参与度，应精简内容。

比如科学探究专题，原定内容：关注知识、能力、素养的发展过程，创新实验方式、实验教学；注重科学探究及列举教学案例来描述学科核心素养中科学探究的含义，并提出教学策略等。经过讨论后，将此专题内容精简为"培养科学探究能力的思考与实践"，包括科学探究、物理实验及通过实验教学培养科学探究能力等。

通过本次研讨，明确参加论坛活动的主要内容及呈现形式。对活动 3 评估，仍然用"三度"模型或教研活动质量评估单。经过反思，每个"基地"从回应主题的角度出发，再对各自的专题开展研讨活动。

在活动 3 中，针对精简内容、回应主题的任务要求以及现场教师发言等行为特征，结合"教师参与度各层水平的行为特征"和"教研深度和教师参与度关系"，将教师参与度定为水平 4"任务参与"，教研深度为"递进发展层"。

④ 主题引领，深度研讨

活动 4 以在线论坛形式呈现，安排有微论坛、互动、微报告、专家点评等。

（a）微论坛

由四名"基地"主持人或学员担任主讲，各自以所在"基地"的项目研究成果为依据，分别以"基于物理观念导向的教学实践""应用学习科学，培育科学思维""培养科学探究能力的思考与实践——以物理实验教学为例""心怀理念，落实素养——体现科学态度与责任的教学实践"为题，阐述基于物理学科核心素养改进教学的思考与实践。

（b）互动

为了切实提升教研活动中教师的参与度，充分发挥教师主体作用，在线论坛增设了线上线下互动环节。针对微论坛提供的教学实践中的各种情况，线上线下教师各自提出问题，由 5 名高中物理教师组成团队，现场给出解答或说明。

（c）微报告

"基地"主持人以"导向学科核心素养的学习评价"为题,简述上海市在高中物理习题与试题设计方面开展实践应用探索的进展情况。

（d）专家点评

专家从结构化、递进性角度对上述微论坛、微报告等进行评述。希望参与本次主题教研活动的教师,都能用心汲取此活动中分享交流的经验成果,积极开展基于学科核心素养的教学实践研究,实现以主题教研活动促进教学质量"跃迁"的目标。

对活动4的评估,可运用"三度"模型对活动进行量化评估,或依据教研活动质量评估单进行质性评估。

在运用教研活动质量评估单进行质性评估基础上,针对教师在第4次研讨活动中担责与表现等行为特征,结合"教师参与度各层水平的行为特征"和"教研深度和教师参与度关系",将教师参与度定为水平4"任务参与",教研深度为"递进发展层"。

⑤ 基于主题,总结反思

活动5以教研团队为主体,教研活动的重点是基于主题回顾活动,总结反思,提出后续设想等。

首先,基于主题,运用通用工具——"属性表"和相关专用工具,针对教研活动各要素,对本次深度教研活动整体进行回顾,对照原来的活动设计和设计意图,看看哪些达成或部分达成或没有达成。同时,针对教研团队主持前面4次教研活动及各个"基地"主持聚焦学科核心素养的某一方面开展研讨等情况进行总结,分享交流,相互借鉴。

其次,对主题与活动、团队与资源等方面进行重点反思,如主题导向活动表现如何、资源支持活动做得如何等。

最后,教研团队通过讨论交流达成共识,提出完善教研活动的意见与跟进研究的设想。比如明确后续活动继续以"理念·实践·跃迁"为主题,可以开展在高中物理教学中落实学科核心素养的实践研究,也可以开展高中物理单元教学设计及实施的实践研究等。在此基础上,明确撰写本次深度教研活动案例的思路。

对活动 5 评估,着重于依据"三度"模型对活动进行量化评估或运用教研活动质量评估单进行质性评估。

在活动 5 中,针对基于主题、现场教师总结反思的过程,以及在主题等方面提出的后续研究设想等行为特征,结合"教师参与度各层水平的行为特征"和"教研深度和教师参与度关系",将教师参与度定为水平 4 "任务参与",教研深度为"递进发展层"。

除了线下活动外,本次主题教研活动还安排有以"在线论坛"形式呈现的线上活动,总之这是一次面向全国多省市、线上线下相结合的教研活动。论坛于 2020 年 8 月 26 日在复旦大学附属中学举行。参加线下活动的人员,有上海市各区高中物理教研员,以及上海市第四期双名工程物理高峰计划、攻关计划基地(简称"基地")主持人及学员等共 80 余人。另外,北京、江苏、浙江、贵州、新疆等省区市的 32 个地区,有近 10000 名教师在线观看了此次活动,有近 2000 名教师通过教研网的"教研在线"平台同步参与线上互动研讨。

(2) 深度教研活动质量评估

一般而言,对按系列教研活动展开的深度教研进行质量评估,要坚持点面结合,强调务实求真。通常既要对系列教研活动中的每一次活动质量进行评估,也要对系列教研活动质量进行整体评估。

对于其中某次教研活动质量实施评估时,可运用"三度"模型进行量化评估,或利用教研活动质量评估单进行质性评估,或将"三度"模型与教研活动质量评估单结合使用,作出综合评估。

如果运用"三度"模型对系列教研活动整体进行量化评估,其一般过程可以是:对一次教研活动,利用"三度"评分表,画出评估三角形,得出相应的面积值;评估各次教研活动后,得到一组面积值;基于面积值的变化,对本系列教研活动质量进行整体评估。

如上所述的第一次主题教研活动,是通过组织实施系列活动,有序推进的深度教研,其质量评估的具体情况从略。但在这里注意到,该系列活动中的活动 2 和活动 3 都是在主题与目标确定后开展的,其运行路径均为"活动—评估",但是内容和方法有变动。其中活动 3 运用矩形模型等专用工具,对各个专题进行研讨,并对内容、方法等进行迭代,使原定专题内容得到精简,如科学探究专题。因此,活动 3 是对活动 2 的迭代。这就是说,深度教研活动的呈现形式是一个不断迭代的过程。

2. 深度教研"综合评估"的具体运作

将"三度"模型与教研活动质量评估单结合使用,可对系列教研活动整体或其中一次教研活动作出综合评估。现以上述"理念·实践·跃迁"引领下第一次主题教研活动中的活动 4 为例,简述综合评估的操作实施过程。

(1) 量化评估

运用"三度"模型,对本主题系列活动中的活动 4 进行质量评估。具体评估过程展开如下。

① 活动 4 以本次教研活动的主题"理念·实践·跃迁——高中物理教学中落实学科核心素养的上海实践探索"为导向,主题转换的活动目标是整体理解物理学科核心素养,增强物理课堂教学实践,促进教师专业成长。因此,"高度"上的评估点定在区间Ⅱ内。

对照区间Ⅱ度量指标 1 和指标 2 的特征,可分别评为"主题明确且有结构,阐释合理"和"所转换的目标完整,适切可行",确定"高度"的区间评分为 $0.50+0.50=1.00$,评判结果的量化表示为 a。

② 活动 4 以在线论坛的形式呈现,其活动内容聚焦学科核心素养的物理观念、科学思维、科学探究和科学态度与责任等四个方面,活动流程为微论坛、互动、微报告、专家点评等。论坛内容丰富,呈现形式多样,但是论坛时间有超过预设的情况。因此,"广度"上的评估点定在区间Ⅱ内。

对照区间Ⅱ度量指标 1 和指标 2 的特征,可分别评为"内容完整,重点较突出"和"活动适当且形式多样,过程流畅",确定"广度"的区域评分

为 $0.35+0.50=0.85$，评判结果的量化表示为 $0.85b$。

③ 在微论坛的微报告中，"基地"主持人或学员担任主讲，讲述的内容围绕主题展开，如阐述对物理学科核心素养的理解，对改进物理课堂教学的实践等。论坛通过增设互动环节，提供教师参与研讨时空，以扩展教师研讨的参与面。在互动环节中，针对"基地"主持人或学员的观点，有近 2000 名教师参与线上互动研讨；但限于论坛时间等因素，互动双方的参与及表达等都有待进一步完善之处。因此，"参与度"上评估点定在区间Ⅱ。

对照区间Ⅱ度量指标 1 和指标 2 的特征，可分别评为"针对主题，运用工具，研讨参与面广"和"基于证据，论述不够完美"，确定"参与度"的区间评分为 $0.50+0.35=0.85$，评判结果的量化表示为 $0.85c$。

综合上述评析，先作出基座 $O-ABC$，$OA=a$，$OB=b$，$OC=c$；又取 $OA=a$，$OB_1=0.85b$，$OC_1=0.85c$，确定"高度""广度""参与度"的"评估点"分别为点 A、B_1、C_1；再连接 AB_1、B_1C_1，得到 $\triangle AB_1C_1$。

活动 4 质量的量化评估结果，如图 3-10 中三角形 AB_1C_1 所示。$\triangle AB_1C_1$ 的面积 $S_4=2.295$（面积单位）。

（2）质性评估

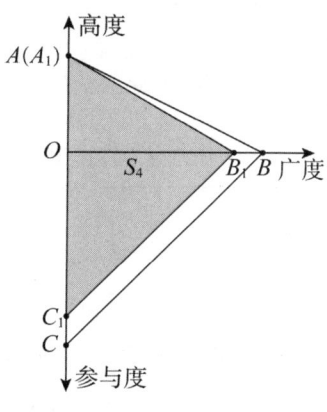

图 3-10 活动 4 量化评估结果

运用教研活动质量评估单对活动 4 进行质性评估。填写教研活动质量评估单中有关内容后，得到的质性评估结果如表 3-5 所示。

表 3-5 活动 4 质性评估结果

要素	观察点	
主题	（1）指向教学实践中的问题：如何在物理教学中落实学科核心素养 （2）本主题下第 __4__ 次活动 （3）活动目标：整体理解物理学科核心素养等	☑ 符合实际 ☑ 指向明确 ☑ 有引领性 ☑ 有结构性

(续表)

要素	观察点
内容	☑ 内容回应主题　　☑ 内容完整且有重点
活动	核心任务：<u>主题引领，深度研讨</u> ☑ 重点突出　☑ 安排有序　☑ 流程清晰　☑ 形式多样
参与	☑ 大多数人针对本次研修活动的主题进行发言 ☑ 大多数人能依据"活动研讨记录单"记录下的证据发表观点
反思	☑ 对活动结果有思考　☑ 对问题解决过程有思考
简述	我选择"主题"要素，简述的关键词是：<u>主题　系列化　结构性　引领性</u> 我认为：本次活动在"理念·实践·跃迁——高中物理教学中落实学科核心素养的上海实践探索"主题引领下展开，是系列教研活动中的活动4。经过本系列的四次活动，实现了教师对物理学科核心素养的"基本理念"理解、基于学科核心素养的"教学实践"研究、以主题教研活动促进教学的"质量层次"跃迁等目标任务；并且从"理念"认识到"实践"研究再到质量"跃迁"，呈现出结构化的特点。活动指向明确，旨在通过教研活动来分享在物理教学中落实学科核心素养的经验，同时探讨有关问题，切实改进教学实践，彰显学科育人价值。本次活动对教师的课堂教学实践和教师的专业发展具有引领性作用。

(3) 综合评估

在对活动4质量进行量化评估和质性评估的基础上，以"三度"为聚合点，将两种评估方式所得结果结合起来，对活动4作出综合评估。

在"三度"模型运用中，关于"高度""广度""参与度"的评判结果的量化表示分别为 a、$0.85b$ 和 $0.85c$。

结合教研活动质量评估单中有关"主题、内容、活动、参与及反思"等要素的评估以及简述的内容，对教研活动质量评述如下：

"高度"评估的数值为 a，显示"评估点"与"期望点"重合。结合选择"主题"要素的简述内容，表明所确立的教研主题导向积极、正确，主题转换的目标适切可行；本活动的主旨"理念·实践·跃迁"引领性很强，指引教研活动围绕在高中物理教学中落实学科核心素养有序展开，向着深度教研推进、跃迁。

"广度""参与度"评估的数值分别为 $0.85b$ 和 $0.85c$，可知"广度""参与度"上的"评估点"与"期望点"不重合。结合对"主题、内容、活动、参与及反思"等要素的评述,提示活动4中"广度"和"参与度"两方面的表现良好,但存在不足。其不足之处有:论坛由微论坛、互动、微报告、专家点评等构成,实施过程中环节较多,转换耗时;论坛上"基地"主持人或学员的发言、研讨时教师的发言,视角需要进一步聚焦,内容应更突出重点、简明扼要等。

第四章

深度教研工具研发

图说教研

受迫振动实验的联动装置

图4-1是一个受迫振动实验装置示意图。在这个实验中,一根弹簧下端与重物A连接在一起,构成一个弹簧振子。将这个振子悬挂在转动把手B的水平杆上,匀速转动把手B,把手就给振子施加一个周期性的策动力,使振子上下往复振动。

观察发现,以不同转速匀速转动把手,振子的振动周期总是等于把手的转动周期。因为周期与频率互为倒数,所

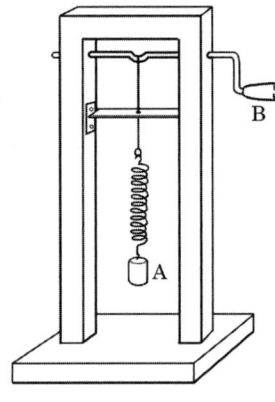

图4-1 受迫振动

以振子的振动频率就等于把手的转动频率,即两者同频。还可以发现,当把手的转动频率改变时,振子振幅也发生改变,而当把手的转动频率与振子的固有频率相同时,振子振幅最大,这种情况被称为共振。由此可见,同频未必共振,共振一定同频。

可以借用图4-1中转动把手与弹簧振子的联动装置,表示深度教研活动中教研工具与教研活动之间的关系。将教研工具看作把手,教研活动看作振子,教研活动在教研工具引导下有序展开;根据不同活动场景,使用不同的教研工具,犹如改变把手的振动频率。同样地,教研工具与教研活动是同频的,如果合理改变教研工具"频率",那么当在某处教研活动"频率"与参与活动的教师"频率"相同时,就能发生共鸣(共振)。这一现象表明,通过恰当使用教研工具,可以极大地提高教师参与度。

为推动学校教研活动的深度变革,使用教研工具是重要的抓手

和实施的路径。教研工具支持下的深度教研活动,是从经验走向基于经验与实证相结合的教研活动,也是从流程规范走向内涵深度的教研活动。

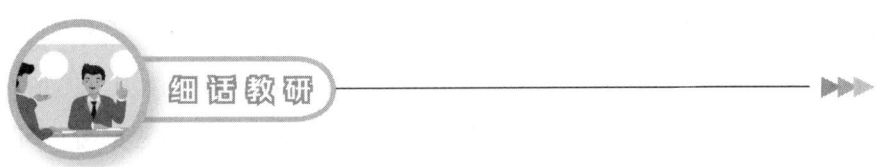

教研工具的研发和应用是助力教研活动走向深度的重要环节,为教研活动的设计、实施、参与和改进提供了操作的"脚手架"。有关教研工具的应用,能帮助教师在教研过程中了解实践需求、深入解析主题、知晓活动任务、积极参与研讨、总结反思与收获,从而充分发挥教师的主体性和能动性,促进系列活动及环节的有效落实。

以下细话教研,专注深度教研的工具研发。

第一节 深度教研工具概述

"工具"通常指工作时所需用的器具,又引申为达到、完成或促进某一事物的手段。当前,随着教育与现代技术的"亲密融合",教育工作者对工具的关注也达到了前所未有的程度。在教研工作中,人们通过开发和利用工具来构建、研究"支架",通过应用工具所收集的各类数据为完善理论和改进实践提供实证支撑,让解决问题的过程更有指向性和针对性。

在教研工作过程中,"工具"的出现,逐步改变了仅依赖于个体思维、个体经验来开展调查研究的现状,探索了从基于经验的调研逐渐走向基于证据的判断,形成了将经验"碎片"转化为可操作的工具,引导研究者作出基于标准的分析和判断。

一、教研工具

在教学研究活动中,教师对于"工具"的认识应抱持一种教育性的解释视角与立场,充分理解自身与"工具"交互行为的教育意义。这就要求教师深入思考当下研发或使用的"工具"有何用、如何发挥作用。比如,此"工具"是为了教学研究的哪些方面,为了解决教学实践过程的哪一环节;在"工具"支持的教育教学活动中,自己能做什么,选择什么样的"工具"是适切的;等等。由此可见,教师面对"工具"时,他不再是单纯的"操纵者",而应以提升教学研究的质量与品质为目标,在教学实践的过程中与"工具"构建一种良好的、积极的互助关系。

上海教研的重要职能,在于通过"建立规准、研发工具、证据分析、经验提炼"的研究方法,促进理想课程转化为现实课程。上海教研还率先提出了"实证教研"的概念,其中的一个重要环节是设计有助于搜集证据的基本工具。

在教研活动的设计与实施过程中,工具的开发和使用,有利于活动参与者围绕活动主旨和关键问题进行广泛讨论以及相互学习借鉴,有利于教研活动实施的精细化,有利于活动参与者把握教研活动的主旨,凸显教研活动的目标。因此,要研发以标准引领、路径明晰、证据支持、信息技术融入为特征的系列教研工具,并充分、合理、务实地使用这些教研工具,通过"规准"来规范指导教研活动,这样才能提升教研品质,提高教学质量。

近年来,在上海的教研实践中,我们研制了针对学业质量监测的绿色指标测评工具,如学科测评工具、与学业质量相关的背景问卷工具等;又研发了支持课程与教学调研工作的系列工具,如学校课程计划点评工具、教研备课工具、课堂观察工具、作业设计与考试测验工具等;还开发了有助于提升教研活动规范性和教师参与度的系列工具,如活动预告单、活动观察单和反馈单等。通过这些工具的应用和实践,同时坚持用证据支持教研、重视证据的积累,上海正在推动教研从"经验型"逐步转为"实证型",促使教研品质不断提升,使教研真正产生"教育生产力"。

二、深度教研工具

在从基于"规准"的教研走向提升品质的深度教研过程中,教研工具的支持和引导尤为关键。为推进深度教研而研发的操作工具多种多样,通常可以分为通用工具和专用工具,参见图4-2。

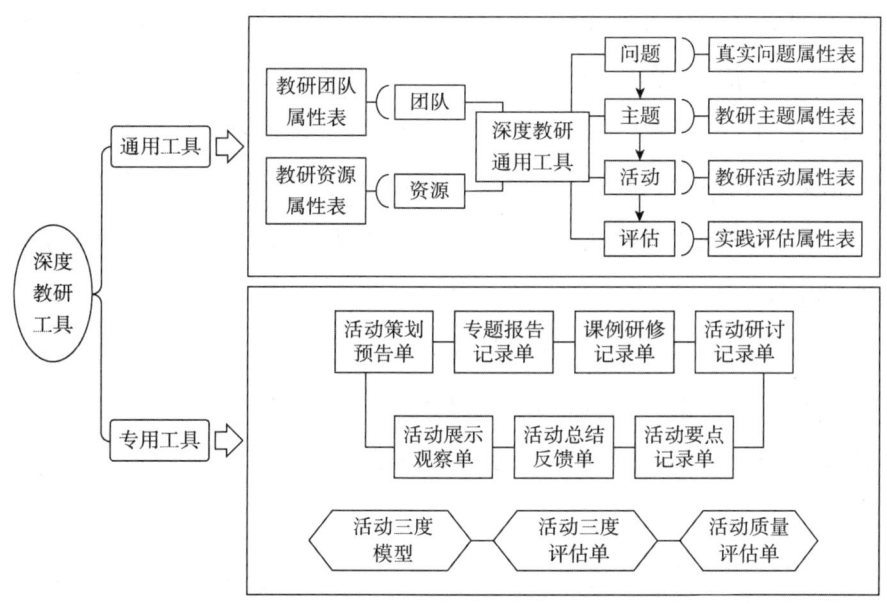

图4-2 深度教研系列工具

通用工具聚焦深度教研螺钉模型的六个基本要素,形成了关于团队、资源、问题、主题、活动、评估的六个属性表,旨在引导教师在活动设计层面更加科学、规范、有序,关注活动主题的系列化、一致性和教师参与度。

专用工具是针对不同的活动任务要求和教师需求进行研发的。例如,针对实用要求形成了预告单、记录单、反馈单等功能性工具,针对各类教研场景形成了专题报告、课例研修、研讨活动、展示活动等专题性工具。此外,还针对教研活动的效果评价设计了评估工具,为通过量化评估和质性评估两种方式对活动质量进行综合性评估提供了依规。

通用工具和专用工具都是深度教研工具,它们帮助教师深度参与教研活动,促进教研活动向着系列化、深层次、持续性有效推进。

深度教研系列工具的研发和应用,旨在支持和促进参与者的深度参与,提升教研活动的品质。一方面,比如各要素属性表有助于教研活动设计与实施的规范化和精细化,活动的设计者、组织者、参与者以深度教研各要素作为活动指引,在活动各阶段都能聚焦关键指标开展研究和思考,实践操作有章可循,降低了教研活动设计和实施的随意性。另一方面,在活动实施过程所使用的研讨工具和观察工具,有助于参与者在活动的各个环节中围绕关键问题进行思考和讨论,并为参与者发表见解、互相交流等提供机会与平台;评估工具则有助于活动设计者了解活动实施的质量,并基于教研现场的实证数据对教研活动的效果进行评价和反馈(监测)。

本章将对深度教研工具的要素构成、应用场景、使用说明等进行详细的阐释,并结合实例形成对深度教研工具的全方位解读,以期为教师教研活动的开展提供方向引领和操作指导。

第二节 深度教研通用工具

深度教研通用工具主要由系列属性表组成。属性表的功能如图4-3所示。在活动设计阶段,属性表作为教研活动要素的设计引导,让活动组织者明确要素设计的规格;在活动的实施阶段,属性表为活动的进程提供参照,为关键要点的填写积累了教研证据和数据,再辅之研讨、观察等专用工具的支持,增强了活动的参与性;在活动的评估阶段,属性表作为评估工具设计的依据,用于对深度教研活动各要素的达成度进行检测,有助于开展活动反思和教研改进。

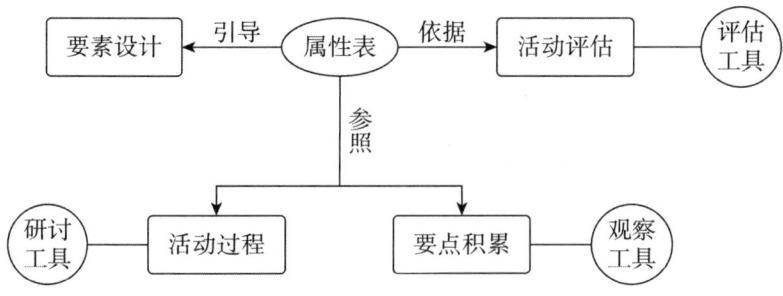

图4-3 深度教研属性表的功能

一、通用工具的设计

(一) 通用工具的组成

聚焦于深度教研螺钉模型中团队、资源、问题、主题、活动、评估这六个基本要素,着重为每个要素设计相匹配的属性表。据此开发所形成的系列通用工具,如图4-4所示。

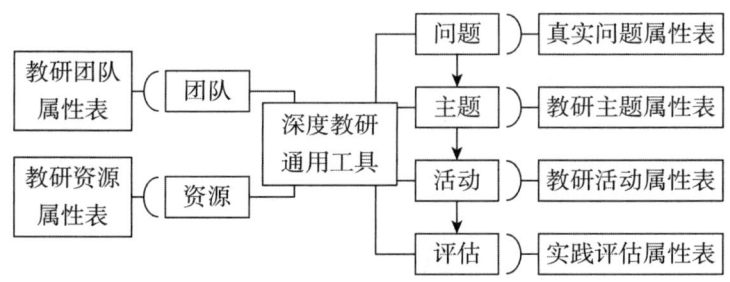

图4-4 深度教研通用工具的组成

(二) 通用工具列举

系列通用工具为与团队、资源、问题、主题、活动、评估等六个基本要素相匹配的属性表,其样式如下面六张表所示(表4-1至表4-6)。

表4-1 教研团队属性表(样张)

团队性质	□单学科　□跨学科　□跨领域　□跨学段　□其他:＿＿
人员组成	○5人及以下　○6~10人　○11~20人 ○21~30人　○其他:＿＿＿＿

（续表）

分工形式	☐ 一人领导决策下的分工合作 ☐ 以小组为单位进行分工合作 ☐ 基于活动主题内容的分工合作 ☐ 没有特别明确任务指向的自由分工合作 ☐ 其他：_____
任务责任	☐ 活动策划　☐ 组织研讨　☐ 一般参与者　☐ 担任专家点评 ☐ 上研究课　☐ 担任说课　☐ 完成报告　☐ 其他：_____
其他说明	关于教研团队，还需要补充的是：_____

表 4-2　教研资源属性表（样张）

资源类型	☐ 纸质材料　☐ 电子文本　☐ 视频　☐ 网页　☐ 其他：____
资源内容	☐ 教学设计（教案、教学反思等） ☐ 研究性材料（报告、论文等） ☐ 会议安排（议程等） ☐ 工具表（可列出工具表种类） ☐ 其他：_____
资源获取	☐ 活动前下发　☐ 活动现场下发　☐ 其他：_____
资源功能	☐ 有助于参与者提前了解活动内容 ☐ 有助于参与者深度参与活动过程 ☐ 有助于参与者后续进行学习 ☐ 有助于活动的档案留存和管理 ☐ 其他：_____
其他说明	您认为支持教研活动开展必要的教研资源还有： _____ 您认为提升教研活动品质的教研资源还有： _____

表 4-3 真实问题属性表(样张)

问题的来源	☐ 课程教学实践的需要 ☐ 学校项目与课题研究的需要 ☐ 指向教学中急需解决的问题 ☐ 指向教学中的重难点问题 ☐ 其他：_____
问题的类型	☐ 聚焦学校发展 ☐ 聚焦教师专业发展 ☐ 聚焦学生发展 ☐ 聚焦与教育相关的其他问题(如家校合作等) ☐ 其他：_____
问题确定的方法	☐ 访谈　　☐ 观察(课堂或日常)　　☐ 问卷调查 ☐ 政策研究　☐ 其他：_____
问题转化为主题的条件	☐ 指向明确　　☐ 具备研究基础　　☐ 具有研究时空 ☐ 具备可操作性　☐ 其他：_____
其他说明	关于"真实问题"，还需要补充的是：_____

表 4-4 教研主题属性表(样张)

教研活动主题	
解释性	☐ 主题导向教学中的关键问题 ☐ 对主题有明确的解释 ☐ 参与活动的教师能理解主题 ☐ 其他：_____
系列化	☐ 根据主题设计了系列活动 ☐ 系列教研活动之间结构清晰 ☐ 该主题与其他教研主题相关 ☐ 其他：_____
匹配度	☐ 教研活动安排匹配活动主题 ☐ 教研活动过程围绕活动主题 ☐ 教研活动成果呼应活动主题 ☐ 其他：_____
其他说明	关于"教研主题"，还需要补充的是：_____

表 4-5　教研活动属性表（样张）

活动主题	
参与群体	□ 备课组　　□ 教研组　　□ 跨学科组 □ 跨校教研　□ 跨区教研　□ 市级教研 □ 其他：_____
活动规模	○ 20 人及以下　○ 21～50 人　○ 51～100 人 ○ 100 人以上　　○ 其他：_____
活动形式	□ 备课活动　　□ 课例研修（听评课） □ 讲座与报告　□ 日常研讨 □ 展示活动　　□ 其他：_____
活动流程	序号　环节与内容　预设时间　负责人 1 2 3 ……
活动的 主要任务	1. _____ 2. _____ 3. _____ ……
活动资料	□ 教学设计　□ 研究资料　□ 研讨材料 □ 会议纪要　□ 活动方案　□ 其他：_____
其他说明	关于"教研活动"，还需要补充的是：_____

表 4-6　实践评估属性表（样张）

要素覆盖	□ 主题　□ 内容　□ 过程　□ 方法　□ 参与
观察设计	□ 评估观察点典型 □ 评估观察点数量合理　□ 评估观察点可操作性强
证据意识	○ 基于实证开展评估 ○ 部分基于实证开展评估 ○ 未基于实证开展评估

（续表）

工具支持	○ 评估过程有系统的工具支持 ○ 评估过程有一定的工具支持 ○ 评估过程没有工具支持
结果关注	□ 问题解决质量　□ 团队发展程度
一个亮点	主要涉及的要素：□ 主题　□ 内容　□ 活动 　　　　　　　　□ 参与　□ 反思 简述（围绕上述要素）：_____
一个提升点	主要涉及的要素：□ 主题　□ 内容　□ 活动 　　　　　　　　□ 参与　□ 反思 简述（围绕上述要素）：_____

（三）关于通用工具的设计说明

1. 设计时关注的要点

在设计属性表时，主要关注引导性、特征性和可操作性。从引领教研团队有效开展教研、提升教研品质的角度，选取各要素的关键属性；同时，兼顾属性表使用的可操作性，严格控制关键属性数量和属性表篇幅，一般每个属性表控制在一张 A4 纸以内，以便于使用。

从填写形式上看，每个属性表一般由客观和主观两部分组成，通常是先客观部分，再主观部分。客观部分的主要填写形式是选择，主观部分的主要填写形式是简述。属性信息的填写一般尽可能设计成客观形式，严格控制主观形式的信息填写，以增强属性表在实践中的可操作性。通过主观和客观的紧密结合，多角度反映深度教研的特征属性，保障深度教研运作路径各环节的质量。

2. 符号标记的含意

在属性表的选择型属性中，有"□"和"○"两种符号标记，其中"□"代表多选项，"○"代表单选项，使用时只需将其涂黑（或做上其他记号）即可。

在这些选择型属性的选项设计过程中，当不能穷尽所有可能的情况时，就会设计"其他"这个选项。若属性表的使用者选择了"其他"选项，就需要在后面的横线上说明具体情况,完善选项的内容信息。很多选择型的属性是以客观事实的反馈为主,不需要或者很少需要填写者作出价值判断,例如"教研团队属性表"中的"人员组成",只要选择一个教研团队的人数范围即可,这样的属性一般不会有什么争议。但也有些选择型的属性需要填写者的主观判断,例如"实践评估属性表"中的"观察设计",涉及对"典型""合理""可操作性强"等在程度上的把握,对属性表的使用团队有较高的要求。

3. 填写内容的客观性程度

对于属性表中需要填写具体内容的属性,有些客观程度是比较高的,只要根据客观事实如实填写即可,例如"教研主题属性表"中的"教研活动主题"、"教研活动属性表"中的"活动名称"等。此外,对于选项"其他"的具体情况说明,一般也不需要很多主观的价值判断,同样相对比较容易操作。但有些需要填写具体内容的属性,其主观性很高,也对填写者的教学经验、信息收集与分析能力、价值判断水平、研究能力等提出了较高的要求,例如"教研活动属性表"中的"其他说明"、"实践评估属性表"中的"一个亮点""一个提升点"。

在上面所列的六个属性表中,"真实问题属性表""教研主题属性表""实践评估属性表"等是针对整个教研过程的,一般在整个教研过程中只需分别完成一份。而"教研活动属性表"一般在整个教研过程中需要使用多次,具体由整个教研过程中所包含的教研活动个数决定。如表4-5所示的"教研活动属性表",是针对一个教研活动设计的。因为系列教研活动是多个有关联的教研任务的集合,是磨稿、备课、说课、现场教学观摩、研讨、公开展示等多项任务的组合,所以整个教研过程中通常要多次使用"教研活动属性表"。

另外,"教研团队属性表"和"教研资源属性表"既可以针对整个教研过程使用,也可以针对一个教研活动使用,从而实现从整体和局部的不同视角来思考"团队""资源"在深度教研中的作用。

二、通用工具的应用

深度教研通用工具各要素属性表的有效运用,是提升教师参与度、提高教研实证性、促进教研反思与评价的支撑点,也是教研从引导参与走向自主参与的转折点,是深度教研顺利开展的重要保障。对于各要素属性表的运用,需要关注以下六点。

(一) 充分发挥属性表的引导作用

属性表是规范教研行为、提升教研品质的重要抓手。新教师或教研新手往往对教学研究的基本流程、基本规范缺乏了解,其教研过程往往具有一定的随意性,教研的品质也就很难不断向深度发展。这时,属性表可以起到很好的检核督查作用。新手可以利用属性表逐条查对自己在教研过程中的行为,检核哪些环节有缺漏、哪些环节还没有做到位,从而使教研行为走上规范的轨道。

属性表并不仅仅是引导教研团队个别参与者或者负责人的工具,只有团队全体成员都进入到属性表使用中,才能提升团队整体的教研能力,才能为教研走向深度提供人员队伍上的保障。

(二) 形成对各要素属性表的统一认识

要发挥属性表的引导作用,正确的价值导向是成败的关键。由于属性表中有不少内容依赖于一定的主观判断,而不同的认识与判断会使属性表使用的结果产生很大的偏差,因此对使用者的教学经验、教研经验和研究能力等都提出了一定的要求。同时,还要求教研团队成员之间能够保持一定的一致性和稳定性,这样才能充分发挥属性表的良好价值导向作用。

由此可知,为提高属性表的使用质量,首先要加强学习,形成对属性表的正确认识;其次要充分发挥团队的作用,以老带新,使所有团队成员都能用好属性表,发挥属性表的引导作用;最后对于一些涉及主观判断的属性,需要统一分类依据或标准,在程度把握等方面达成共识。形成统一的认识,可以保障教研活动的不同参与者使用属性表得到相对一致的结果,也可以促进同一参与者多次使用此属性表,提高判断结果的稳定性。

（三）全面使用和重点使用相结合

尽管本研究提供了全套的六个要素的属性表，但是在教研活动具体展开的过程中，不同的团队、不同的研究主题与内容，都会产生不同的需求和不同的侧重点。例如，有的会侧重于团队的形成，有的会侧重于各次具体教研活动的设计等。因此在属性表的使用时，并不总是追求面面俱到，可以有所侧重，将相关的属性表用精、用细，重在品质的提升。

对于同一个教研团队来说，可以在一个主题教研过程中，使用所有的属性表；也可以在多次主题教研中，有侧重地使用不同的属性表，在经历数次主题教研活动后，逐步实现属性表使用的全覆盖。根据教研的实际情况，将属性表的全面使用和重点使用相结合，可以在教研品质不断深化的同时，逐步提升教研团队的研究能力。

（四）在使用中反思调整教研行为

属性表的使用和教研的不断深化推进，是密切相关的两个过程。对教研团队来说，使用属性表不应被看作是一个额外的任务，其价值不在于最后得到一个填写完整的工具表，应更多体现在填写的过程中。教研团队在属性表的使用过程中，可以不断反思、不断调整教研的规划和自己的行为，这也是属性表引导作用的重要体现。使用者在"属性表填写—教研行为优化"的循环中不断前行，教研也在不断走向深度。

（五）关注属性表使用中的数据积累

从单个主题教研的角度来看，填写的属性表是教研的过程记录，它可以作为教研档案的重要组成部分，也可以为将来的教研提供宝贵的经验或者教训。但属性表数据的价值远不止于此，属性表的统一使用，还为结构化数据的采集提供了很大的便利，不仅可以搜集同一教研团队在不同时间、不同主题的属性表数据，也可以搜集不同地域、不同学科教研团队的属性表数据。当在一定的范围内，经过一个阶段数据积累并达到一定的数据量后，就能从数据中得到更多有意义、有价值的信息，例如教研团队在多次主题教研过程中教研能力的提升情况，各学科主题教研活动开展的特点等。我们还可以结合在教研过程中获取的其他各类信息，例如教研活动的成效等，通过数据的比较和相关性分析等手段，寻找教研工作走向深度的规律。

（六）促进通用工具的不断完善和开发

教研团队经历一段时间多次使用通用工具后，对主题教研的流程和规范就会有深入的了解，其教研的深度已基本达到螺钉模型中的"问题解决层"，即能通过教研基本满足"解决教育教学中所遇问题"的需要。此时，教研团队已经对六个要素的属性表非常熟悉，即使不使用这些属性表，也基本上不会影响团队开展教研活动的流程和规范。也就是说，对于整个教研团队而言，原有通用工具已经基本完成了使命，可以退出舞台。

但教研团队在教研工作中仍会面临更多新的需求和挑战，教研还要继续向深度发展，这就需要有新的工具作为抓手。这时，可从以下两方面着力进行改善。一是调整、优化已有的通用工具，使其更加细化，更加有针对性，符合特定教研背景和教研团队的个性化需求；从工具的使用角度，达到教师参与度行为特征中的任务参与水平。二是根据教研的需求，研制与使用新的工具；从工具的使用角度，达到教师参与度行为特征中的项目参与水平。

第三节　深度教研专用工具

深度教研的专用工具以教研活动流程作为主线，串联起不同活动阶段的教研需求和任务。在活动策划准备时，主要通过"活动策划预告单"对活动进行全面的介绍，有助于参与者提前知晓并更好地参与活动；在活动推进实施时，主要以教研活动中常见的听评课、专题讲座、交流研讨、展示活动等形式作为应用场景，设计了"课例研修记录单""专题报告记录单""活动研讨记录单""活动展示观察单"等，有助于参与者在活动中聚焦主题，记录和收集关键证据；在活动总结评估时，为做好对活动重点内容的记录、整理和总结,设计了"活动要点记录单""活动总结反馈单",有助于参与者复盘活动的收获,促进总结和反思,形成对下一次活动的思考和设计。此外,为了评价教研活动质量和效果,设计了相关评估工具,在第三章已专门进行了论述。

一、策划活动场景中专用工具的设计与应用

在深度教研活动策划准备中,所用专用工具主要是活动策划预告单,常用于各级各类教研活动,尤其是参与面较广的教研活动。活动设计者通过预告单,提前向教师公开有关教研活动的主题、资源、任务等信息,有助于教师进行预思考,做好参与活动的准备。

下面以高中物理学科的一次主题教研活动为例,呈现活动策划预告单的填写,如表4-7所示。

表4-7 高中物理学科主题教研活动策划预告单(示例)

时间	2021年5月17日—9月15日		地点	网络教研	
学科	高中物理		教研主题	基于物理学科核心素养的单元教学设计	
策划组织者	＊＊＊		出席对象	初中、高中物理教研员及教师	
教研活动设计	项目	概述			备注
	选题的动因	教育部颁布的《普通高中物理课程标准(2017年版2020年修订)》明确了物理学科核心素养,要求把培养物理学科核心素养作为物理教学的重要目标,落实于教学活动中。物理学科核心素养主要包括"物理观念""科学思维""科学探究""科学态度与责任"四个方面。物理学科核心素养的培养要在教学中落地,就要求教学进行相应的变革,教学变革首要变革教学设计。 新课标将课程标准和学业质量标准的学习要求进行整合,提供评价需求。改进高中物理教学应依据基于核心素养的学业质量水平体系,从课堂目标的建立、课堂教学的实施、学生评价改革与学生作业改进等几个方面,全面落实培养学生学科素养的课程理念,促进学生学业质量的全面提升。		

(续表)

	项目	概述	备注
教研活动设计	选题的动因	某项物理素养的形成,不是通过一节课就可以达成的,常常需要一个单元甚至多个单元共同促进素养的形成。因此,如何在现有的物理知识教学体系上,从单元的视角,基于物理学科核心素养来确定教学目标和内容,以及进行教学设计,是面临的新的要求和挑战。	
	活动过程安排	1. 准备阶段 教师观看提供的视频资源。高中物理"双新"推进:理念·实践·跃迁——例说"圆周运动"单元教学设计与实施。(包含视频1:微报告"指向深度学习的单元教学设计与实践""研读课程标准 细化内容目标——以'圆周运动'为例";视频2:微论坛"圆周运动"同单元异构单元教学设计与实践、主题发言"从深度学习视角看圆周运动单元教学") 教师阅读文本。 同单元异构单元教学设计。(高中物理:"圆周运动"单元教学设计1——"空中课堂"团队;高中物理:"圆周运动"单元教学设计2——向明中学团队) 2. 研讨阶段 各区教师在观看视频、阅读文本的基础上,梳理总结设计单元核心任务的依据或路径;然后在学校教研组内进行交流研讨,以学校教研组为单位,选择上海高中物理新教材必修一、二、三册中的一个单元,设计单元教学结构表;最后是各校上传单元结构表至网络教研平台,进行学校间的交流研讨。 在活动讨论区,按以下要求"发言":通过对以上资源的学习,你认为设计单元核心任务的依据、路径有哪些。 继续在活动讨论区活动。以学校为单位,选择新教材必修一、二、三册中的某一个单元,参照资源中"圆周运动"单元教学设计中的单元教学结构表,尝试设计该单元的单元核心任务、单元核心任务分解,填写完成单元教学结构表中的单元核心任务、单元核心任务分解、教学内容、课时安排等,表格的格数可根据具体内容增减。	

(续表)

项目		概述	备注
教研活动设计	活动过程安排	请每所学校在"发言"区，上传一份以学校为单位的单元教学结构表(样式如下)。 单元名称：_____ (区：_____ 学校：_____) | 单元核心任务	单元核心任务分解	教学内容	课时安排 | |---|---|---|---| | | | | | | | | | | 3. 总结阶段 各区网络教研活动管理员老师，梳理区内教师上传的设计单元核心任务的依据或路径，以及各校上传的单元结构图。市网络教研活动主持人老师，以单元为单位汇总梳理各区学校上传的单元教学结构表。对于设计较好的单元教学结构表，跟进相关学校，进行进一步细化。	
	活动效果预估	1. 希望老师们通过本次活动，理解基于物理学科核心素养的教学设计的特点，了解设计单元核心任务的依据或路径。 2. 各校尝试使用上海高中物理新教材进行单元视角下的教学设计，并上传一个单元的单元结构图。	
活动资源(材料)		1. 视频：高中物理"双新"推进：理念·实践·跃迁——例说"圆周运动"单元教学设计与实施。 (其中，视频1包含：微报告"指向深度学习的单元教学设计与实践""研读课程标准　细化内容目标——以'圆周运动'为例"；视频2包含：微论坛"圆周运动"同单元异构单元教学设计与实践、主题发言"从深度学习视角看圆周运动单元教学") 2. 文本：同单元异构单元教学设计。 (1) 高中物理："圆周运动"单元教学设计1——"空中课堂"团队 (2) 高中物理："圆周运动"单元教学设计2——向明中学团队	具体资源(材料)附后

【注：本案例由上海市静安区教育学院高中物理教研员沈兰提供。】

主题教研活动策划预告单，促进了教研活动效果的达成。2021年5月17日—2021年9月15日，506名高中物理教师参与网络教研活动，总计讨论发帖 551 条;全市各校高中物理教研组,共上传了 95 张单元教学结构表。整理了其中的 58 条教师发帖,对其进行热词词频分析,得到的热词权重图及词频分析报告如下所示。

① 热词权重图(图 4-5)

图 4-5 热词权重图

② 词频分析报告(表 4-8)

表 4-8 词频分析报告

序号	关键词	词频	权重
1	单元	157	1
2	教学	86	0.9116
3	设计	80	0.8898
4	核心	75	0.8962
5	学习	65	0.8711
6	任务	58	0.8659
7	学生	56	0.8606
8	物理	42	0.8478
9	核心任务	40	0.8459
10	单元教学	32	0.8216
11	课程	30	0.8046
12	知识	25	0.7765

(续表)

序号	关键词	词频	权重
13	教材	25	0.7897
14	单元核心任务	25	0.7950
15	素养	24	0.8016
16	核心素养	23	0.7860
17	标准	22	0.7588
18	课程标准	22	0.7812
19	单元学习	17	0.7538
20	单元设计	17	0.7538
21	科学	16	0.7296
22	学科	15	0.7339
23	结构	13	0.7096
24	单元教学设计	12	0.7174
25	情境	11	0.7175

从词频分析报告可以看出,除了发言讨论的题目中提及的单元、教学、设计、核心、任务等关键词之外,"学习""学生""课程""教材""素养""单元学习""单元设计""结构""情境"等词是所统计的58条发帖中出现频率较高的词语,这说明教师、教研组在进行单元教学结构设计时,要从学生学习的角度出发,结合教材,创设情境,注重知识的结构化,从而培养学生的物理学科核心素养。

二、推进活动场景中专用工具的设计与应用

在深度教研活动推进实施时,主要聚焦四种教研活动类型,形成规范的活动流程,设计匹配活动场景的专用工具,引导教师在参与活动的过程中"看得清""抓得住"且"能解决"问题,促进教研证据的积累、成果的梳理、实践的反思。

针对不同教研活动场景,匹配不同专用工具,主要的专用工具如下。

（一）专题报告记录单

1. 工具说明

专题报告记录单如表 4-9 所示，适用于专家报告、主题讲座、专题汇报等形式的教研活动。它主要记录教师通过参与活动在个人专业发展等方面的收获，梳理学习成果对推进教研活动的作用。

表 4-9　专题报告记录单

活动时间	
活动地点	
教研主题	
报告属性	名称：_____　　报告人：_____　　时长：约_____分钟
你的收获（如勾选某项，请作简要说明）	□ 教学理念/理论：_____ □ 学科本体知识：_____ □ 课堂教学能力：_____ □ 教育科研能力：_____ □ 其他：_____
听完专题报告，你对本主题教研活动的后续开展有何建议	

（1）专题报告记录单由参加专题报告的各位成员独立完成填写，记录教师听取报告、参与专题培训等的收获和感悟。"活动时间""活动地点""教研主题"中的信息，须与由团队整体完成的"活动要点记录单"中的相关信息保持一致。

（2）本记录单的填写形式有填空、选择加填空两种。选择项为多选，完成选择后还需通过填空补充具体信息。

（3）本记录单的填写内容部分是客观性的，如报告属性中的"名称"

"报告人"和"时长",只需如实填写即可。

（4）本记录单中"你的收获"部分,可根据所提供的四个选项并结合自己的所思所得,加以举例填写;还可再勾选"其他",补充自己在某一个方面/领域的收获。

（5）本记录单中的建议部分,主要是参与者在听完专题报告后,将所获得的成果经验应用于自身教研实践活动中的思考。

（6）本记录单宜在研讨活动结束后尽快填写,以保证填写内容的客观、真实与质量。

2. 填写示例

以高中政治学科的一次专题报告活动为例,呈现专题报告记录单的填写,如表4-10所示。

表4-10 专题报告记录单（示例）

活动时间	2021年12月2日		
活动地点	上海市××教育发展研究院		
教研主题	高中思想政治学科"双新"深度教研		
报告属性	名称:"概谈新高考改革背景下的统编教材教学"专题报告	报告人:××	时长:约<u>120</u>分钟
你的收获 (如勾选某项,请作简要说明)	☑ 教学理念/理论: 报告人从新高考背景下的新评价入手,为参训教师厘清了教育评价的指挥棒作用,讲述了新高考核心素养导向下的学业水平考试命题应从对学习的评价转到促进学习的评价,帮助参训教师更深入理解了新高考背景下统编教材教学的相关思路和方向,一定程度上更新了参训教师的教学理念,引发了参训教师对本学科教学新的思考。 ☐ 学科本体知识:_____ ☑ 课堂教学能力: 专题报告指出当前的持续性评价倒逼教学要介入真实的情境与任务,启发了参训教师在课堂教学中需注意议题式的引领、活动的设计以及学科任务的设计等,学会灵活运用活动作为推动教学进程的方式,将知识教学转变为学生活动,目标指向包括知识在内的正确价值观念、必备品格和关键能力的培养。 ☐ 教育科研能力:_____ ☐ 其他:_____		

(续表)

听完专题报告，你对本主题教研活动的后续开展有何建议	思想政治课的教研活动是促进课堂教学改革指导意见落到实处的强大推力，让教师教得更有智慧，使学生学得更有意义。本次教研活动主题为"高中思想政治学科'双新'深度教研"，围绕这一主题主办方设置了相应的活动安排，比如专题报告、专家点评、案例分析、单元教学设计的任务完成及交流展示等。这些丰富的教研活动明确指向了一线教师教学过程中遇到的关键性问题，可以促进教师的教学交流与总结反思，提升思想政治课教学资源共建共享水平，进而为提升参训教师的教学理念和教学效果指明方向和奠定基础。在后续开展过程中，建议可以将主题与主题形成连续系列，让参训教师带着问题及任务参与到教研活动中，形成有梯度的系统教研活动。

【注：本案例由上海市行知实验中学高中政治教师李月颖提供。】

（二）课例研修记录单

1. 工具说明

课例研修记录单如表 4-11 所示，适用于以课例研修、听评课为主的教研活动。它主要用于教师结合课堂观察中的相关信息形成对教研活动的整体认识和思考。

表 4-11　课例研修记录单

活动学校				活动时间	___年___月___日
课题				课型	
执教教师			班级		学生数
活动主题	主题：_____ 指向的关键问题：_____				
观察要点		要点	观察指标	观察结果	
	课堂教学		教学设计对教研主题的呼应	○ 好　○ 一般　○ 不足 理由：_____	
			教学过程对教研问题的解决	○ 好　○ 一般　○ 不足 理由：_____	

(续表)

要点	要点	观察指标	观察结果
观察要点	课例研讨	研讨的参与面	约_____%的教师参与课例研讨
		研讨中借助的工具	○ 有，工具名称：_____ ○ 没有
		研讨中提供发言机会	○ 有发言，观点：_____ ○ 没有发言
	活动参与	你是否有明确的任务？	○ 是，任务：_____ ○ 否
		你是否参与课例研讨？	○ 是，参与方式：_____ ○ 否
		你的收获是什么？	收获：_____

（1）课例研修记录单由参加活动的各位成员独立完成填写，关于课例和活动的基本信息须与由团队整体完成的"活动要点记录单"中的相关信息保持一致。

（2）本记录单的填写形式有填空、选择和选择加填空三种。选择项均为单选，有的完成选择后还需通过填空补充具体信息。

（3）本记录单中的活动主题是课例研修活动的出发点。一般而言，课例研修活动以"听评课"为组织形式，并有较为明确的主题，该主题应该指向教学中的关键问题，而一次课例研修活动往往属于围绕特定主题组织的系列活动。

（4）本记录单中列出的观察要点有三个。

观察要点1是"课堂教学"。课堂教学是课例研修活动的内核。课堂教学是研究教学问题的载体，它须呼应教研主题，主要体现在教学设计中，特别是教学目标、教学活动和教学评价；其教学过程，要通向教研问题的解决。课例研修活动的课堂教学效果，要能体现教学目标的达成。

观察要点 2 是"课例研讨"。课例研讨是课例研修活动的关键。课例研讨要能借助工具、聚焦问题,要让参与研讨的教师有充分表达表现的机会。通过课例研讨,要能解决教学中的关键问题,要能达成共识。

观察要点 3 是"活动参与"。一般而言,课例研修活动由教研组或备课组组织,或由教研共同体组织,教研员参与指导,其目的不仅是研究问题,也是培训教师。因此,参与观摩活动的教师要有较为明确的任务,如运用工具听课,运用工具观摩研讨,并有机会表达观点(如参加现场互动,或在特定平台上发表观点)。参与观摩活动的教师能从研修活动中有所收获。

(5)本记录单宜在听课过程中或评课活动结束后尽快填写,以保证填写内容的客观、真实与质量。

2. 填写示例

以一次初中英语学科的主题教研活动为例,呈现课例研修记录单的填写,如表 4-12 所示。

表 4-12 课例研修记录单(示例)

活动学校	上海市××中学		活动时间	2021 年 11 月 25 日
课题	9B U6 Protecting the innocent		课型	阅读
执教教师	何老师	班级	九(1)	学生数	25
活动主题	主题:提升学生自主阅读能力 指向的关键问题:如何培养学生的学习能力			
观察要点	要点	观察指标	观察结果	
	课堂教学	教学设计对教研主题的呼应	⊘ 好 ○ 一般 ○ 不足 理由:教师用"Think-Pair-Share"策略和"Checklist"工具引导学生在独立思考、充分交流和自评互评中掌握自主阅读的路径和方法,避免了过度帮扶的教学设计。	

(续表)

	要点	观察指标	观察结果
观察要点	课堂教学	教学过程对教研问题的解决	☑ 好　○ 一般　○ 不足 理由:<u>学生在"搭档交流""全班展示"和自评互评中表现出对阅读路径和策略的自主运用,所体现的独立思考和自信投入呈现了教学过程对学习能力培养的成效。</u>
	课例研讨	研讨的参与面	约<u>60%</u>的教师参与课例研讨
		研讨中借助的工具	☑ 有,工具名称:<u>即时"互动"观课表(在Teaching Plan的教学流程表中增加一列"教学环节即时观感",教师结合教学环节的设计和效果,即时记录观课思考。)</u> ○ 没有
		研讨中提供发言机会	☑ 有发言,观点:<u>1."Think-Pair-Share"策略给予每位学生思考与交流的机会,是激活学生思维、提高课堂参与度和培养学习能力的有效教学策略,但前提是要给予学生充分独立思考和与同伴交流的时间。2."Checklist"的使用帮助学生优化自主阅读路径,为学生的自主阅读提供了支架。</u> ○ 没有发言
	活动参与	你是否有明确的任务?	☑ 是,任务:<u>在活动后对教研活动进行更深入的再思考,并根据项目组的要求填写"活动单",内容包括对主题的理解、对课堂教学的建议、学到了什么、活动后要主动运用什么等。</u> ○ 否
		你是否参与课例研讨?	☑ 是,参与方式:<u>现场评课</u> ○ 否
		你的收获是什么?	收获:<u>对自主阅读能力培养的必要性增加了认识;对初中阶段学生自主阅读能力的具体要求有了较为明确的认识;对如何培养学生自主阅读能力,尤其是如何利用教材文本培养学生自主阅读能力有了较为感性的认识。</u>

【注:本案例由上海市黄浦学校初中英语教师王宇霞提供。】

（三）活动研讨记录单

1. 工具说明

活动研讨记录单如表4-13所示，适用于以研讨与交流为主的教研活动，且活动参与者均被安排有发言的机会。它主要是教师对自己或他人有关研讨、发言的情况进行记录。

表4-13 活动研讨记录单

活动时间	
活动地点	
教研主题	
研讨的问题	
研讨形式	○ 主持人安排发言 ○ 参与者自由发言 ○ 既有主持人安排发言，也有参与者自由发言
参与研讨前你是否有明确的任务	○ 是（任务：_____） ○ 否
你发言的次数	约_____次
你发言的总时间	约_____分钟
请简述你的主要观点或发言内容	
你在小组研讨中的贡献	○ 最大　○ 大　○ 一般　○ 小　○ 无
你的观点被其他小组成员接受的程度	○ 全部　○ 大部分　○ 约一半　○ 小部分　○ 无
是否有你赞同的他人观点	○ 有，请列举：_____ ○ 否
是否有你质疑/反对的他人观点	○ 有，请列举：_____ ○ 否
本次研讨是否达成了共识	○ 是，请列举：_____ ○ 否

（1）活动研讨记录单由参加研讨的各位成员独立完成填写，反映参与研讨成员个体的过程记录、想法和价值判断。"活动时间""活动地点""教研主题"中的信息须与由团队整体完成的"活动要点记录单"中的相关信息保持一致。

（2）本记录单的填写形式有填空、选择和选择加填空三种。选择项均为单选，有的完成选择后还需通过填空补充具体信息。

（3）本记录单的填写内容有的是客观性的，如"你发言的次数""你发言的总时间"等，只需如实填写即可；有的是带有主观性的，如"你在小组研讨中的贡献""本次研讨是否达成了共识"等，只需经过个人的价值判断后选择或者填写，无须与其他团队成员保持一致。

（4）本记录单宜在研讨活动结束后尽快填写，以保证填写内容的客观、真实与质量。

2. 填写示例

以一次高中英语学科的主题教研活动为例，呈现活动研讨记录单的填写，如表 4-14 所示。

表 4-14　活动研讨记录单（示例）

活动时间	2022 年 1 月 22 日
活动地点	上海××中学五楼艺术厅
教研主题	任务驱动，解决问题
研讨的问题	教师如何通过任务驱动解决教学中遇到的实际问题？
研讨形式	☑ 主持人安排发言 ○ 参与者自由发言 ○ 既有主持人安排发言，也有参与者自由发言
参与研讨前你是否有明确的任务	☑ 是（任务：分享诵读手册的设计和使用心得） ○ 否
你发言的次数	约　3　次
你发言的总时间	约　5　分钟

(续表)

请简述你的主要观点或发言内容	背不出:筛选词汇,挑基础,选重点 记不牢:设计活动,变花样,合兴趣 用不来:开卷默写,促复习,正习惯				
你在小组研讨中的贡献	○ 最大	⊘ 大	○ 一般	○ 小	○ 无
你的观点被其他小组成员接受的程度	○ 全部	⊘ 大部分	○ 约一半	○ 小部分	○ 无
是否有你赞同的他人观点	⊘ 有,请列举:听说课要基于学情做减法,解决课堂容量的问题;要结合学校已有活动设情景,解决输入转化为输出的问题。 ○ 否				
是否有你质疑/反对的他人观点	⊘ 有,请列举:阅读课要通过脚手架帮助学生获得阅读的体验感,但脚手架要搭也要撤。问:脚手架何时撤?如何撤? ○ 否				
本次研讨是否达成了共识	⊘ 是,请列举: 1. 教研要基于学情,针对具体问题逐步深入。 2. 教师要构建共同体,提升研究深度、广度和参与度。 ○ 否				

【注:本案例由上海戏剧学院附属高级中学高中英语教师邓婧提供。】

(四) 活动展示观察单

1. 工具说明

活动展示观察单如表 4-15 所示,适用于规模较大、活动内容和形式丰富、参与人数较多的成果展示型的教研活动。它主要是对活动的现场实施情况进行细致、精准的记录和分析。

表 4-15 活动展示观察单

活动时间	
活动地点	
活动主题	

(续表)

活动范围	☐ 校级　☐ 跨校　☐ 区级　☐ 跨区　☐ 市级　☐ 全国
活动规模	☐ 线下_____人　☐ 线上_____人
*活动目标 （主持人/核心团队填写）	简要说明：_____ ☐ 布置任务　☐ 展示成果　☐ 知识建构 ☐ 案例分析　☐ 专题培训　☐ 提出建议 ☐ 共享经验　☐ 其他：_____
*活动所属阶段 （主持人/核心团队填写）	本次活动属于系列活动的第_____次活动 ☐ 设计阶段　☐ 研究阶段　☐ 实施阶段 ☐ 展示阶段　☐ 评价阶段　☐ 深化阶段
参与角色	☐ 执教者_____人　☐ 说课/演课者_____人 ☐ 提建议者_____人　☐ 点评专家_____人 ☐ 专题报告_____人　☐ 一般参与者_____人 ☐ 资源/课例/案例设计者_____人　☐ 其他：_____人

活动形式	线下	☐ 专家点评　☐ 互动研讨　☐ 完成任务 ☐ 现场教学　☐ 说课/演课　☐ 课例/案例展示 ☐ 专题报告　☐ 其他：_____
	线上	☐ 专家点评　☐ 互动研讨　☐ 完成任务 ☐ 在线教学　☐ 说课/演课　☐ 课例/案例展示 ☐ 专题报告　☐ 其他：_____

环节（勾选）	观察要点及简要记录	参与
☐ 1.说明背景/阐释活动/解释要求/话题引导	活动要解决的问题：	时长：___分钟 人次：___
☐ 2.课堂教学 执教课题： _____	展示问题解决方法，如：	时长：___分钟 人次：___
☐ 3.说课/演课 课例名称： _____	呈现问题解决方法，如：	时长：___分钟 人次：___

(续表)

环节（勾选）	观察要点及简要记录	参与
□ 4.案例分析/专题报告 案例/报告名称： _____	呈现解决方法的剖析，如：	时长：____分钟 人次：____
□ 5.提问/追问/对话	1～2个印象深刻的提问/对话（如没有写"无"）：	时长：____分钟 人次：____
□ 6.质疑/争鸣/讨论	1～2个印象深刻的质疑/争鸣（如没有写"无"）：	时长：____分钟 人次：____
□ 7.回应争议/点评	1～2个印象深刻的对争议的回应/点评（如没有写"无"）：	时长：____分钟 人次：____
□ 8.提炼结论/总结要点	围绕主题的结论主要有（如没有写"无"）：	时长：____分钟 人次：____
□ 9.调查/反馈/工具运用	调查与反馈要点是（如没有写"无"）： 提供的教研工具有（如没有写"无"）：	时长：____分钟 人次：____
□ 10.其他		时长：____分钟 人次：____

	环节编号（按环节顺序填写编号，可重复，如：1、4、5、6、5）：_____
活动资源	□ 会议安排 □ 教学设计 □ 研究性材料 □ 工具表 □ 其他：_____
*活动主要成果 （主持人/核心团队填写）	□ 活动总结 □ 任务列表 □ 决策决议 □ 教学策略 □ 活动资源 □ 软件工具 □ 教学设计 □ 教学案例 □ 公开报道 □ 其他：_____
*后续活动安排 （主持人/核心团队填写）	□ 未解决的问题： □ 后续活动设想：

（1）本活动观察单的填写者，既可以是活动主持人/核心团队，也可以是一般参与者以及其他角色，主持人/核心团队应填写全部栏目，一般参与者等角色无须填写带"＊"的栏目。

（2）在展示活动中没有涉及的环节，对应的"观察要点及简要记录""参与"处，填写记号"/"。

（3）环节"说明背景/阐释活动/解释要求/话题引导"，主要观察活动主持人如何围绕教研主题，解释为什么要开展此次活动、要解决的问题是什么、活动相关的要求是什么、引领的话题是什么，并在此基础上做简要记录。

（4）环节"课堂教学""说课/演课"，主要观察课堂教学的设计思路和实施过程，以及说课或演课的教学设计，简要记录教师如何围绕主题实施教学，在解决问题方面所用策略、资源及特色等。

（5）环节"案例分析/专题报告"，主要观察和记录案例的特色、分析的视角，记录专题报告的主要观点。

（6）环节"提问/追问/对话""质疑/争鸣/讨论""回应争议/点评"，主要观察和记录围绕主题的相关提问与追问，记录思辨、探讨、辩论、反驳、争议的焦点，以及在争鸣后的回应和点评。

（7）环节"提炼结论/总结要点"，主要记录活动结束前，围绕教研主题所达成的共识、获得的结论和要点。

（8）环节"调查/反馈/工具运用"，主要观察和记录活动的调查环节，记录调查的主要内容及调查结果的反馈或解读、教研工具的运用情况（所涉教研工具如活动预告单、课例研修记录单等）。

2. 填写示例

以一次高中体育学科的主题教研活动为例，呈现活动展示观察单的填写，如表 4-16 所示。

表 4-16 活动展示观察单（示例）

活动时间	2021 年 12 月 23 日下午
活动地点	上海市××中学

(续表)

活动主题	落实立德树人，推进双新实践——上海市××中学"智慧课堂"教学展示及研讨
活动范围	☐ 校级　☐ 跨校　☑ 区级　☑ 跨区　☑ 市级　☐ 全国
活动规模	☑ 线下　40　人　☐ 线上　　　　人
*活动目标 （主持人/核心团队填写）	简要说明：<u>展示××中学的体育智慧课堂,研讨篮球大单元及学习活动设计与实施</u> ☐ 布置任务　☑ 展示成果　☐ 知识建构 ☑ 案例分析　☐ 专题培训　☑ 提出建议 ☑ 共享经验　☐ 其他：
*活动所属阶段 （主持人/核心团队填写）	本次活动属于系列活动的第　10　次活动 ☐ 设计阶段　☐ 研究阶段　☐ 实施阶段 ☑ 展示阶段　☑ 评价阶段　☑ 深化阶段
参与角色	☑ 执教者　1　人　　☐ 说课/演课者　　　　人 ☑ 提建议者　12　人　☑ 点评专家　10　人 ☑ 专题报告　1　人　　☑ 一般参与者　20　人 ☐ 资源/课例/案例设计者　　　　人　☐ 其他：　　　　人
活动形式	线下：☑ 专家点评　☑ 互动研讨　☐ 完成任务 ☑ 现场教学　☐ 说课/演课　☐ 课例/案例展示 ☑ 专题报告　☐ 其他：　　　　 线上：☐ 专家点评　☐ 互动研讨　☐ 完成任务 ☐ 在线教学　☐ 说课/演课　☐ 课例/案例展示 ☐ 专题报告　☐ 其他：

环节（勾选）	观察要点及简要记录	参与
☑ 1.说明背景/阐释活动/解释要求/话题引导	活动要解决的问题：<u>介绍教研活动的背景、意义和主要内容,阐明"智慧"二字的涵义。</u>	时长：10分钟 人次：1
☑ 2.课堂教学 执教课题：<u>篮球：突分配合4-2</u>	展示问题解决方法，如：<u>围绕"问题引领学战术,实战情境育素养"主题,通过问题情境的创设,激发学生主动思考解决如何把握"时机"的难题。运用"智慧校园"心率监测设备,让学生实时了解自己的心率变化。教师根据运动负荷监测实时数据给予及时指导。</u>	时长：40分钟 人次：1

（续表）

环节(勾选)	观察要点及简要记录	参与
□ 3. 说课/演课 课例名称： _____	呈现问题解决方法，如：无	时长：___分钟 人次：___
☑ 4. 案例分析/ 专题报告 案例/报告名称： 篮球单元设计 说明	呈现解决方法的剖析，如：依据新课标和新教材、理解式球类教学模式、《〈体育与健康〉教学改革指导纲要(试行)》设计单元，关注学生篮球运动能力和战术意识的培养。全面把握"教会、勤练、常赛"的要求，期望学生在解决问题的过程中学会篮球技战术，在比赛情境中培育核心素养。	时长：15 分钟 人次：1
☑ 5. 提 问/追问/对话	1~2个印象深刻的提问/对话： 1. 突破分球的情境如何创设更合理？要思考摆脱防守时出现的情境有哪些？将教学关注点应放在"分"上。课中可以罗列出多种情境，让学生思考应对不同情境的处理方式。 2. 运动手环的使用是亮点，但还是要思考并挖掘数据背后的知识，将心率监控屏幕价值发挥到最大。	时长：10 分钟 人次：11
☑ 6. 质 疑/争鸣/讨论	1~2个印象深刻的质疑/争鸣： 单元基本信息中呈现的单元课时是18-11，而在课时设计中呈现了4-2，出现单元界分不清的问题。	时长：12 分钟 人次：10
☑ 7. 回应争议/点评	1~2个印象深刻的对争议的回应/点评： 1. 将教学重点改为"突破有效、分球准确到位"。丰富运动情境，关注学生对突破方向和传球方式的选择。 2. 单元信息中18-11定位的是篮球大单元中的位置，4-2是突破分球小单元中的第二次课。	时长：2 分钟 人次：2

(续表)

环节(勾选)	观察要点及简要记录	参与
☑ 8. 提炼结论/总结要点	围绕主题的结论主要有(如没有写"无"): 1. 教师要能够智慧地分析教材、处理教材,从学情出发,通过问题引领,使学生在学练中懂得道理,这样才能提升课堂智慧含量。 2. 优化大单元的设计理念,关注对学生整体的培养,应将学会、勤练、常赛融入学校"智慧课堂"的教学理念中。 3. 要聚焦课的重难点问题,开展以解决关键问题为目标的教学活动。要聚集"新教研"项目研究,构建市区校"双新"教研协作推进的有效机制,通过更加规范、有品质的深度教研活动来提升体育教师的学科素养和专业能力。	时长: 30 分钟 人次: 2
☐ 9. 调查/反馈/教研工具	调查与反馈要点是(如没有写"无"):无 提供的教研工具有(如没有写"无"):无	时长:____分钟 人次:____
☐ 10. 其他	无	时长:____分钟 人次:____
环节编号(按环节顺序填写编号,可重复,如:1、4、5、6、5):1、2、4、5、7、5、6、7、8		
活动资源	☑ 会议安排　☑ 教学设计　☐ 研究性材料 ☑ 工具表　　☐ 其他:_____	
*活动主要成果 (主持人/核心团队填写)	☑ 活动总结　☐ 任务列表　☐ 决策决议　☑ 教学策略 ☐ 活动资源　☐ 软件工具　☑ 教学设计　☑ 教学案例 ☑ 公开报道　☐ 其他:_____	
*后续活动安排 (主持人/核心团队填写)	☑ 未解决的问题: 如何充分利用信息技术辅助教学? ☑ 后续活动设想: 后续将围绕"如何设计学练赛评一体化的学习活动"展开教研。	

【注:本案例由上海市建平中学体育学科教师王亚玲、罗丹、田来提供。】

从观察单的填写可以看出,本次活动重点是对篮球教学展示课和单元设计实践进行深度研讨。活动流程顺畅,内容丰富,主要包括课堂教学展示、教研组微报告、集体评课、专家指导和活动总结等。而在各环节中,活动参与者尽可能面广和多元,以增加活动的参与面和参与深度。如在评课和指导的环节中,有本校教师、兄弟项目学校教师、区中心组教师、区教研员、市教研员等参与评课和研讨。在研讨中,教师们根据展示课的观课感受和教学设计等活动资料,聚焦活动主题,分别从教学流程、单元设计、问题链、情境创设等不同的视角,对本节课进行了交流和点评,提出了有针对性的建议。

通过活动中的提问与建议、追问与回应,以及质疑和争鸣,与会教师在教研活动中达成了思想上的统一。比如,大家认为大单元教学有利于培养学生的核心素养,学习活动的设计要关注问题引领和情境创设。教师们还对活动成果应用于教学实践有了一定思考,表示如构建大单元的原则、学习活动的关键要素、信息技术的融入时机等,都能在教学中进行实践。同时,本次活动也对未解决的问题进行了梳理,提出如"挖掘心率背后的数据"这样的问题,并将此作为下一次活动中课堂教学的重点问题,促成了活动的系列化进阶设计。

三、评估活动场景中专用工具的设计与应用

教师的实践智慧是不同观点碰撞的结果,深度教研的活动过程,就像是"通道"或"透镜",透过它们,教师能更好地发现和探讨主题以及暗含其中的问题,并能将对主题的理解应用到自身教学设计中。因此,总结评估是教师进行感性和理性双向实践的体现,既有教师对教研活动的顺向审视,也有教师对教研活动的逆向审视。教师需要通过对教研活动的流程、内容、问题解决情况、所形成的成果经验等信息进行梳理、总结和分析,形成对活动效果的评估,以及对后续教研活动的设想。

基于评估的任务和要求,在活动总结评估时使用的专用工具主要包括:对教研活动的重点内容、关键事件和特色亮点进行记录的"活动要点记录单"和"活动总结反馈单",对教研活动的实施效果进行量化评估、质

性评估的"活动三度模型""活动三度评估单"和"活动质量评估单"。

1. 活动要点记录单

活动要点记录单适用于各级各类教研活动。它主要是对活动的整体概况、实施过程中的重点内容、解决问题的过程和方法等进行记录和摘要,是对传统"会议纪要"的结构化处理和内容提炼。

以一次小学体育学科主题教研为例,呈现活动要点记录单的填写,如表4-17所示。

表4-17 活动要点记录单(示例)

活动时间	2021年5月17日			
活动地点	上海市××小学			
活动主题	主题:情境融合增趣,灵动课堂增效			
	☑ 主题导向教学中的关键问题	☑ 主题具有明确的解释性	☑ 参与活动的教师能理解主题	☐ 其他:——
活动环节	流程(请在重点流程前打√)	☐ 1. 主持人介绍活动流程 ☑ 2. 新教师的成长——小学一年级"前滚翻"教师团队模拟上课(教师扮演:李×。学生扮演:吴×、李××、丁×、郭××、徐×、谢××。) ☑ 3. 疯狂植物园——小学二年级"迎面接力跑"教学展示(姚老师) ☑ 4. 听课教师发言交流 ☑ 5. 你好!体育——教研模式讲座交流(李老师) ☑ 6. 专家点评(上海市体育教研员王老师) ☐ 7. 主持人结束语		
	☑ 教研活动安排匹配活动主题	☑ 教研活动过程围绕活动主题	☑ 教研活动成果呼应活动主题	☐ 其他:——

(续表)

本次活动已解决的问题	1. 通过"新教师的成长——小学一年级'前滚翻'"单元建构下的模拟上课,突破传统的单人执教模式,从多人角色扮演入手,多育并举,体现体育学科教师的成长与教研的磨合。 2. 以"疯狂植物园——小学二年级'迎面接力跑'"兴趣化情境教学展示为切入点,从情境设置到兴趣化教学方法,再到器材的使用,都体现了"趣"字,在落实课堂兴趣化教学的同时,也保障了课堂教学的有效性,提高了运动负荷与练习密度,做到"增效"。 3. 听"你好!体育"体育学科小主题模块化研修模式交流分享,发现学校教研组在前期教研过程中的分割、融合、研磨、深入等关键词,凸显教研实效性。
附件1:就本次活动解决的问题进行举例说明	一、教学相长,专研课堂,灵动有效 学校体育组全体教师分角色进行模拟课堂3.0版本的展示,分别扮演教师和不同个性的学生,向大家展示了学生由"不会"到"会"、由"好动"到"安静"、由"我不想"到"我喜欢"的转变。同时,通过青年体育教师的成长,体现出了在体育教师的努力下,学生们在体育课堂上的成长,更凸显了教研组的团队凝聚力以及教研活动的高质量。 二、兴趣引导,情境设置,激趣增效 上海市××小学姚老师带来了二年级"疯狂植物园——迎面接力跑"一课。课中,姚老师将情境融入"童趣",通过"植物大Party"—"拯救植物"—"五彩索道"—"五彩栈道"—"彩虹加油站"—"快乐植物园"等情境的场景设置,使学生身临其境地在场景中体验跑的乐趣,使简单的接力跑不再单一,从场景设置中变得更为立体化,为学生的学习过程增添"童趣"。同时,姚老师巧用器械"妙趣",让每位小朋友右手戴上彩虹手套,给学生提示条件,有效突破教学重点。在情境设计中,"避让搬家的小蚂蚁"等情景,提高了学生保护动物的意识,为学习过程"激趣"。整节课精彩纷呈,受到了老师们的称赞! 三、模块分割,整体融合,教研高效 上海市××小学体育教研组长李老师在"你好!体育"专题汇报中讲到,学校体育教研组围绕"体"运动之乐趣、"育"现代小公民的体育学科理念,通过"找、思、变、创、行"五环节,不断反思体育教学中出现的各种问题,思考问题,变换思路,创新方法并及时进行实践。从"小主题研修模式"到"教师技能分享微讲座交流",再到"室内趣课堂",分享交流教研组专题研修过程,能落地、接地气的教学研修模式得到了在座老师的一致认可。

(续表)

本次活动未解决的问题（拟下一次活动要解决的问题）	1. 深入新教研模式，立足学科素养，聚焦单元共研。 2. 再研兴趣化教学，融合多元课堂，提升课堂实效。
附件2：就本次活动未解决的问题，或争议的问题进行举例说明	1. 教研活动应贴合学科的属性，以学科素养研讨活动为主，需出现身体运动与模拟课堂、身体练习与思维紧密结合，将运动认知、健身实践、社会适应等核心素养，更好地融入单元教学设计，并进行实践。 2. 课堂教学要在落实兴趣化教学的基础上，进行新的转型过程，从知识与技能的传递转变到知识与技能的建构，让我们的课堂变得更生动。

【注：本案例由上海市静安区第一中心小学体育学科教师李萍萍提供。】

2. 活动总结反馈单

活动总结反馈单适用于各级各类的教研活动。它主要是教师结合参与教研活动的感想和收获，提出对教研活动设计和实施的建议。

以下样例是中学信息科技学科网络兼职教研员结合现场活动反馈、网络教研数据统计、网络教研教师发帖，综合填写的活动总结反馈单，如表4-18所示。

表4-18　活动总结反馈单（示例）

活动时间	2021年5月11日现场活动，5—7月网络教研活动
活动主题	人工智能单元教学设计
本次活动的亮点	单元作业设计是本次活动的亮点，因贴近教师最关切的问题而受到教师的欢迎。 例如，上海市××中学邵老师认为：作业设计分享，给我人工智能单元的教学和作业设计提供了指导和参考。1.贴合生活，注重实用性。"近视智能系统"的设计将图像检测、图像识别和决策判断的过程有机整合，不仅符合学生的认知水平，也很好评价了学生对于计算机视觉相关概念的掌握程度。2.知识迁移，注重灵活性。书本上的案例既经典又容易理解，作业设计中可适当调整难度，帮助学生运用已掌握的知识解决类似的问题，提升了信息意识和数字化学习与创新的学科素养。3.内容融合，注重综合性。案例中"校园植物树叶分类"的项目策划书能够将学生掌握的人工智能单元的知识和技能有机整合，要求学生有很高的知识迁移和使用能力，这无疑能更好地提升学生的学科核心素养。

(续表)

本次活动的亮点	"双新"推进给教师们带来了巨大的挑战和机遇,信息学科的教师更应该时刻保持与时俱进的心态,主动更新教学理念、提升教学能力,也期待更多类似这样优秀的案例、报告、课例的分享!
本次活动的不足之处	通过对教师建议的分析,主要建议有: (1)单元作业设计得到教师最多的关注,教师的建议也最多。从调查问卷反馈中得知,约20%的教师感觉本次教研中所提供的人工智能单元作业较难。后续要进一步研究人工智能单元的作业和评价案例。 (2)人工智能单元相关的教学要求,与现有高中教师的知识储备之间仍有落差,建议增加翔实的人工智能概念的脉络构架解读。 (3)单元教学的资源目前仍是难点,建议多提供一些切合实际教学的听课学习、人工智能的体验平台和Python库中的资料。 (4)创新试题形式,加强情境设计,注重联系社会生活实际,增加综合性、开放性、应用性、探究性试题,从而提升学生运用所学知识分析问题和解决问题的能力。
我对活动流程的建议	(1)活动按照"看现场教学、评现场教学、看同课异构、评同课异构、看单元案例、析单元设计、听微报告、网络延伸讨论"的过程开展,活动过程安排紧凑有序。 (2)大多数教师对于提供的学习资料表示满意。今后的活动可加入更多互动环节,挑选更多有代表性的优秀课例进行展示,为更多老师提供展现自我的机会。同时,希望活动的持续时间也可适当延长。 (3)互动点评、两两合作点评、四区联动,使得活动有一定的特色。在单元教学设计方面有一定的创新。

【注:本案例由上海市徐汇区教育学院中学信息科技教研员王卿提供。】

关于深度教研量化和质性评估工具的介绍以及应用举例,在第三章已有专门的说明,在此不再重复。

综上所述,"使用工具"是学校教研活动实现深度变革的重要抓手和实施路径。通过教研工具的应用和实践,凸显用证据支持教研,重视证据的积累,才能使教研从"经验型"转为"实证型";通过不断推进深度教研,提升教研品质,才能使教研真正产生"教育生产力"的期待成为现实。

第五章

深度教研应用推进

 **图说教研**

历尽艰险的西行取经

《西游记》讲述的是唐僧师徒四人西行取经的故事,如图5-1所示。西行路上充满艰难险阻,妖魔鬼怪横行。唐僧师徒风餐露宿,跋山涉水,历经八十一难,终于到达西天,取得真经。他们不畏艰险,勇往直前,取经有果且修炼有成,苦难经历与取经追求相伴同程。

深度教研的实践推进,就是以解决教育教学真实问题为目标,将深度教研的思想、技术、方法应用到校本教研的实践中,汇集力量深入研究,凝聚智慧获取成果,求得问题解决,促进学科发展。同时,教研活动与教师专业成长紧密相连,教研活动是教师获得经历、走向成功、促进专业成长的重要路径之一。

在推进深度教研实践的程途上,要应对许多困难和问题,充满艰辛和挑战。教师参与深度教研活动,是值得珍惜的宝贵经历。

图5-1 西行取经

细话教研

在参与学科、学段的深度教研过程中,教师要踏准活动节拍,把握研讨节奏,这样才有利于发生深层次研讨,有利于充分发挥主体性和能动性。在组织团队和设计教研活动时,要提供良好的研讨环境。比如:提供合适的教研工具,设置简明的研讨内容,安排充分的活动时间;分小组研讨的人数不宜过多,让每一位教师都有发言机会(时间与内容)等,这样的场景正是深度教研的期望。

以下细话教研,聚力深度教研的应用推进。

第一节　初中英语学科深度教研

一、专题研究:提升教师参与教研活动的动力

(一) 问题的提出

初中英语学科参与了市教研室在 2016—2018 年组织开展的"提升初中学科课程领导力实证研究"项目。这三年里,初中英语项目组在 6 所学校开展实证研究,通过指导九年级教师提高阶段复习的计划性、加强基础练习的针对性、减轻学生英语练习的负担、提升练习讲评课的效益等,提高了校本教研的品质,提升了复习课的效益,进而提高了学校英语学科学业质量。"教研活动"是实施项目研究的基本途径和载体,但通过与教师的座谈却了解到,有些教师参与教研活动的动力不足,参与感不够,因此收获并不大。2019 年 3 月,该项目的第二期研究启动,参与学校增加到了 16 所。为提高项目研究的效益,项目组决定从提高教研活

动的"参与度"着手,以提升教师参与教研活动的动力及参与感和获得感。

(二) 教研活动"参与度"的内涵及表征分析

1. 教研活动中"参与"的内涵

就教研活动而言,"参与"和"参加"两者的含义是有差别的。首先是角色不同,"参加者"未必是"参与者",可能仅仅是"旁观者";而"参与者"更像是教研活动的"共建者",带着明确的任务"躬身入局",全心全意投入活动。其次是程度不同,"参加者"对教研活动的理解可能仅浮于表面、难以内化,而"参与者"能深入思考、积极互动,因此"参与者"对教研活动的理解和领悟更深入,思维碰撞更充分。最后就是后效不同,"参加"教研活动注重于加入,而"参与"教研活动是一个新的起点且有后续行动。总而言之,"参与教研活动"的内涵是:教师以某种角色参加教研活动并完成特定任务,同时将活动收获迁移到自己的教学和教研中,而且还能为后续教研活动作出一定的贡献。提高教研活动的"参与度",就是指提高深度参与的教师比例。

2. 教研活动"参与度"低的表现及原因

在低"参与度"的教研活动中,很多教师是"被动"地参加教研活动的。他们在活动前,没有做好相应的准备,对活动主题、内容和流程等知之甚少或未作深入思考;在活动中,其任务基本是"听",在过程中常见分心走神的状态,对同行和专家所分享的真知灼见未能有效捕捉、理解和吸收;在活动后,更是很少能把活动所学迁移到自己的教学实践中。这些现象都是教研活动"参与度"不足的表现。

造成教研活动"参与度"低的原因有很多,如教师自身动力的问题、学校教研氛围的问题、教研活动组织的问题等。就教研活动组织而言,一是教师往往很少有机会参与活动的策划,他们所参加的活动实际上是"他人"的活动,因此很少提前做出深刻思考和充分准备;二是活动的主题或研究的问题不一定是教师们热切关心或最为迫切的问题,因此难以产生共鸣;三是教研活动偏重于内容丰富、安排紧凑,没有给教师充分

"参与"的机会,致使参加活动的大多数教师只能"局外"旁观、旁听,没有机会表达自己的想法,活动结束后也没有驱动性任务引导他们参与后续的研究和实践。

教研活动的"参与度"与深度教研息息相关,如果没有教师的深度参与,那么即使教研活动环节再精致,场面再热闹,也难以深入内化,难以取得实效。

(三)提高教研活动"参与度"的策略及实践

1. 了解教师的教研需求

教研活动的主题要呼应教师的共性需求和问题。一个能聚焦现实教学痛点、直击难点的"主题",是深度教研活动的保证要素之一,因此,在策划教研活动时,要充分了解教师们的教研需求。"提升初中学科课程领导力实证研究"项目中的初中英语项目组(以下简称"项目组"),在2019年3月针对16所项目参与学校(以下称"项目校")的英语教师进行了一次调研,以了解教师对教研活动的期待。调研情况摘录如表5-1所示。

表5-1 教研需求调研

序号	学校	教研需求	填表人
1	××中学	1. 固定专家指导教学教研活动,提高备课活动的品质及课堂教学的有效性。 2. 校本训练(阅读)专项习题。	略
2	××学校	1. 针对九年级听力和阅读微技能训练的题库。 2. 适合其他年段不同阅读水平的拓展阅读材料。 3. 阅读训练的方法指导。 4. 词汇突破的方法指导。	略
3	……	……	……

项目组对16所项目校所提出的教研需求进行了分析,梳理出以下问题:

(1) 如何培养学生的自主学习能力？
(2) 如何提高九年级备课组的活动质量？
(3) 如何为学生提供典型试题,尤其是阅读方面？
(4) 如何设计九年级复习专题？

这些问题的收集和梳理,为后续教研活动主题的确定提供了思考依据。

2. 让教师参与活动的策划或组织

项目组组织的教研活动一般采用"三个一"来呈现,即一节公开教学、一个专题汇报、一个现场教研。项目组每月组织一次活动,每次活动由一所项目校承办。该校负责"三个一"中的公开教学和现场教研,而"一个专题汇报"既可由该校负责,也可由项目组决定是由外请专家还是由项目组骨干来实施。项目组建立了核心微信群,成员包括项目组专家和16所项目校的负责人,每次开展活动前,核心成员在微信群内充分讨论活动的主题、形式、任务与分工等。各校负责人要汇总和梳理本校其他教师的想法和建议,在群中进行交流,并将活动的策划进程和情况及时反馈给其他教师。

3. 让教师有明确的任务

每位参加教研活动的教师,都承担有明确的任务。没有执教公开课任务的教师,活动前须在自己学校执教或设计同一课题的课,并在活动当天用项目组下发的工具表进行听课与评课。所有参与活动的教师在活动结束后必须填写"活动单"(活动单是项目组开发的教研工具,见后文)。以2019年4月30日在××中学组织的活动为例,有关活动任务及分工如表5-2所示。

表5-2 教研任务与分工

任务	要求	负责人	辅助参与
公开教学	九年级开放性作文复习教学	沈老师	三所学校的九年级英语教师参与备课、磨课

(续表)

任务	要求	负责人	辅助参与
现场教研	九年级写作复习对低年级教学的反拨	××中学英语教研组	三所学校的活动负责人参与磨稿
专题汇报	15份九年级复习计划分析报告	艺老师、郭老师、黄老师（项目组负责人）	三所学校的活动负责人参与数据分析
	九年级英语冲刺阶段复习建议	周老师（项目组专家）	

4. 鼓励教师表达

在教研活动当天，主持人（一般是市教研员）现场邀请部分项目校的教师运用工具进行评课。如果时间允许，在教师代表发言前，让参加活动的教师分组讨论10分钟，以促进互动、激活思考、碰撞思维。三年来，大部分项目校的教师都获得了在教研活动上发表观点的机会；没有获得现场发言机会的教师，在活动结束后将自己的观点或思考填写在"活动单"上，统一上交。"活动单"是教师表达自己见解的另一渠道，同时也可以帮助项目组了解活动的"参与度"，并以此反思教研活动的组织与成效。

5. 了解教师的情感需求

教师的"参与"不仅体现在活动的策划、组织以及任务的完成，也不仅局限于现场或书面的表达，还体现在对自己的教学主张、教学特色和教学效果等的传递。交流心得、分享经验、展示成果，这些都是基层教师的情感需求。教研活动的追求之一，就是为教师搭建舞台，帮助他们展现风采，这也是市、区英语教研员的本职工作和项目组的初衷之一。因此，在2019年3月，项目组对16所项目校的英语教师开展了一次调研，让各校教师评估自身优势所在。调研情况摘录如表5-3所示。

表 5-3 项目学校调研

序号	学校	优势项目
1	××中学	1. 九年级复习计划。 2.《英语中考词汇背默手册》。 3. 六、七年级教材同步基础训练。
2	××学校	1. 英语报刊、视频、音频的收集、加工和使用。 2. 九年级语法复习练习题库。
3	××中学	1. 九年级复习计划。 2. 错题整理。 3. 课例——连词复习(以 Unit 5 Memory 复习切入)。 4. 课例——拓展阅读。
……	……	……

此表格有利于梳理各校已有的教研成果与特色,使后续教研活动的主题设计、内容安排和人员确定等更有针对性,提高教师的自我效能感,同时保证教研活动的质量和"参与度"。

(四)提高教研活动"参与度"的工具开发

有效的教研工具,能引导教师更深入地"参与"教研。英语学科项目组参考市教研室课程与教学调研工具,设计了教研活动工具——"活动单",并开展实践和调试。设计和调试按以下步骤进行。

1. 确定工具指标

"指标"是工具的核心,是编制工具的基础。编制"活动单"的目的,是为了提高初中英语学科教研活动的"参与度"。一般而言,"参与度"高的教研活动有以下特征:活动前教师知道活动的主题,并为参加活动作好必要准备;活动中教师有较为明确的任务;活动后教师有所收获、有所启发,并有进一步参与教研活动的动力。本工具拟从活动前、活动中和活动后三个方面确定指标,即活动前是否知晓活动主题、是否为参加活动作过准备;活动中是否明确自己的任务;活动后认定从活动中收获了什么。

2. 编制工具初稿

在明确工具指标的基础上,项目组编制了英语学科教研活动"参与度"的工具初稿。参考"活动预告策划单"的体例格式,将本工具名称初定为"活动单(初稿)",如表5-4所示(说明:此单有充足空间供教师书写)。

表5-4 "提升初中学科课程领导力实证研究项目"英语学科教研活动"活动单(初稿)"

时间:_____ 地点:_____
专题:_____

活动前	是否知晓活动主题? 是否作过相应准备?
活动中	是否有明确的任务?
活动后	从活动中收获了什么?今后有何打算?

记录人:_____

学校:_____

3. 试用修改工具

在2019年4月30日的教研活动中,项目组对参与活动的约50名教师发放了活动单(初稿),回收到27份。分析回收的活动单,发现以下情况:绝大多数教师对前三个问题的回答都是"是",但95%以上的教师都没有展开写;最后两个问题的作答情况差异较大,有的教师写了200多字,有的只写了几个短语;还有的教师其作答参考价值不大,未能体现教师的"参与度",对项目组反思教研活动的组织和开展无法起到实质性的帮助。

就上述情况,项目组与部分教师进行了沟通,了解到以下信息:教师不清楚此工具的使用意图是什么;教师不清楚工具的设计者期望收集哪些细节信息;此工具的布局不利于教师作答。

发现问题以后,项目组及时对工具进行了调整,变更后的"活动单",其体例如表5-5所示。

表5-5 "提升初中学科课程领导力实证研究项目"英语学科教研活动"活动单"

时间:_____ 地点:_____
专题:_____

活动期待	
活动准备	
活动记录	
学到了什么	
困惑	
后续思考	

记录人:_____
学校:_____

2019年5月8日,"单元视角下的听说教学"教研活动在××中学举行。这是一次展示与研讨活动,项目组要求教师使用本工具参与活动。为提高工具使用的效益,项目组在活动中用5分钟简单介绍了本工具,对如何填写"活动单"做了引导。本次活动共回收到32份"活动单",经过分析,项目组一致认为大部分教师能理解本工具的意图、结构和指标,也知道如何填写。项目组从工具的填写中获得了一些有价值的数据,为反思教研活动的组织与实施寻找到了实证。下面是某位教师填写的"活动单",如表5-6所示。

表 5-6 "提升初中学科课程领导力实证研究项目"英语学科教研活动"活动单"

时间：__2019.5.8__　地点：__上海市××中学__
专题：__初中英语学科课程领导力听说课研讨__

活动期待	能够从听说研讨课、微型研讨活动演示以及专家点评建议中获取灵感,对我校英语听说课教学有所帮助。
活动准备	听课前做好听说课型教学的梳理,回顾自己以往上写作听说课的情况和困惑,同时回顾了我校在低年级和高年级听说课型中对应的分析点评。
活动记录	聆听了××中学的一节初二听力课。课后的专家点评也十分精彩。 了解了初三听力策略指导的新角度。 聆听了××中学一节初一听说课。这节课老师关注听说活动激发学生听说思维培养的新角度。 聆听了微讲座研讨:单元视角下的听说教学区域推进。
学到了什么	学到了有关教师指导学生培养听力策略,学到了如何指导培养学生的听说思维,学到了引导学生在语言运用时要言之有理、有个性化的表达。
困惑	如何把今天所学到的几点应用在低年级的听说活动和高年级的听说活动中,在我校如何根据学情年段的不同适当调整。
后续思考	要认真思考怎么有效地组建团队,把教师的参与积极性调动起来,做更多的有利于教学的实事。

记录人:陈老师

学校:××中学

（五）实践成效

1. 教研活动更有凝聚力

策略和工具的运用增强了教研活动的凝聚力,提高了教师参与教研活动的动力。教师们普遍反映,以前的教研活动无须准备,也不知道准备什么,参加教研活动只要带着"耳朵"就可以了。现在,参加教研活动前就知道有何期待,知道上什么课、要解决什么问题,知道自己与活动的关系,因此对教研活动充满期待。现在的教研活动要解决的问题往往是自己所关心的,而且在活动中自己能向他人学习,能发表自己的观点和意见,"参与感"大大增强。承办教研活动的项目校分布在上海的不同区,有些参与活动的教师需要横跨几个区,即使这样,每次活动教师们仍然风雨无阻;教研活动后,大部分教师对活动的评价较高,并表达了对未来教研活动的期待。"提升初中学科课程领导力实证研究项目"所涉初中学科研究,原本只针对九年级教师,但从过去三年英语项目组的活动签到来看,越来越多的非任教九年级的教师也踊跃参加。教研活动的凝聚力,在教师参与的广度和深度上得到了充分体现。

2. 教师更有"获得感"和"使命感"

教师参加教研活动的"获得感"有了提升。活动前的准备,提升了参加活动的效益,教师们更容易理解教研主题,也更愿意表达。活动中运用观察工具,教师们更容易聚焦教研主题,并能记录自己的收获与困惑,而普遍性的"困惑"极有可能成为今后教研活动的主题。活动后的梳理,帮助教师反思自己的教学,一方面积极运用活动所学提高教学质量,另一方面努力挖掘自己的教学特色与亮点,并力争为今后的教研活动作出贡献,在很大程度上增强了教师的"使命感"。自2019年以来,项目校纷纷主动承担教研活动,许多教师主动要求在教研活动中执教公开课,或承担专题发言。

3. 项目学校的校本教研品质得到提升

"提升初中学科课程领导力实证研究项目"中英语教研活动为项目校英语组提供了示范。教师们一边体验一边学习,把提高教研活动参与度的策略和工具带到本校的教研活动中。教研组长带领教师们在活动前参与策划和准备,活动中参与互动和交流,活动后参与总结和实践,有效提升了学校的校本教研品质。实证数据表明,项目校学生的英语学业质量取得显著进步,校本教研活动的品质和成效得到校长们的认可和赞扬。

项目组开发的工具,也为项目校教学管理人员提供了管理的抓手。每次教研活动后,参加活动的教师要把填写后的"活动单"电子稿提交给教学管理人员。管理人员通过对"活动单"进行统计与分析,不仅可以了解英语学科项目开展的情况，也可以了解英语学科教师参与活动的情况、从活动中收获了什么，以及对学科教学和学科教研的思考等，扩大了管理人员的视角，让管理人员走近英语教师、走进英语学科，从而提升教学管理与服务的品质。

（六）反思展望

1. 研究成果的推广

本项研究聚焦"提升初中学科课程领导力实证研究项目"，研究目标定位在提升项目校教师教研活动的参与度，研究取得了阶段性成果。但如何将研究成果进一步推广到其他类型的教研活动，特别是市级教研活动，尚待实践研究。2019年5月，市级教研活动在项目校举行，项目组想借此活动检验研究的成效，为成果推广作铺垫。因此，项目组将研制的观课工具下发给参与活动的教师。需要反思的是，共约300人参加了教研活动，但只回收到32份观课工具，回收率仅为10%，如此低的回收率对有效评估项目成果的推广带来了挑战。初中英语学科每学期组织1次大型市级主题教研活动、1次"校本研修类"市级教研活动、2~3次市级项目展示与研讨活动，这些活动或多或少都存在"参与度"不高的问题。如何将本项研究的成果进行推广，从而大面积提高初中英语学科市级教研活动的参与度，是后续研究的重点。同时，本项研究成果潜在的推广对象是各类区级教研活动。因此，项目组将成立市、区合作共同体，探讨如何提高区级教研活动的参与度。

2. 对深度参与的评估

本项目对英语教研活动参与度的评估，聚焦在活动前、活动中和活动后三个阶段，教师根据给定的三个阶段指标进行填写。从收集到的表单来看，有的教师的填写较为敷衍，提供的信息未能有效反映教研活动的真实"参与度"。项目组的反思是，工具表的填写过程有较大的思维含量，需要一定的时空条件。但是，教师在参与活动的过程中，既要聆听、理解、记录，还要自主思考、参与互动，对"活动单"的填写无法深入思考或根本无暇顾及，而活动前和活动后又少了集中研讨、激发思考的现场氛围。"活动单"的设计初衷是既能引导教师更有效地参与活动,又能帮助组织者评估活动的"参与度",因此,如何让评估工具的使用有机融入活动的各环节和各阶段,而不是成为游离在外的一个"负担";如何开发更客观、更多元的评估方式和评估工具等,这些都是需要进一步思考和解决的问题。

3. 教研活动形式的变革

一段时间以来,初中英语学科教研活动的规范与品质有了较大幅度的提升,无论是组织形式还是呈现方式,都在力争变革。但教研活动的呈现仍以课堂教学、专题发言、专家点评为主,参与展示和互动的教师数量仍非常有限;参加教研活动的教师数量虽屡有增多,但深度参与的教师比例还是较小。项目组的反思是,如果不更改教研活动的呈现形式,教师的"参与度"就很难得到大范围、大幅度的提升。那么,什么形式的教研活动能提升教师的参与度呢？教师深度参与的教研活动有哪些特征？回归到原点去思考,还是要对"什么是教研活动"和"为什么要组织教研活动"这两个问题,进行更为深入的思辨。

二、案例列举:"提升学生自主阅读能力"主题教研活动

(一) 教研活动背景

在课程与教学调研过程中发现,学生的英语学习能力尤其是自主学习能力普遍较为薄弱。其主要表现为:词汇学习大多停留在"默写"和做选择题层面;阅读与写作过于依赖教师的"指导";在进行口头和书面表达时较难主动运用所学语言知识。以上问题,在九年级学生中尤为突出。

在调研听课后,与多位区教研员和教师就以上问题进行了探讨。大家一致认为,课堂教学过于"控制"是产生以上问题的主要原因。主要表现有:教学设计没有将"学习能力"纳入教学目标;口语课、阅读课和写作课为学生提供了过多"支架",导致学生较难独立阅读和独立进行表达。

《义务教育英语课程标准(2022年版)》中明确指出,"学习能力"是核心素养重要的组成部分,学习能力的培养是英语学科重要的教学内容。

在初中阶段,学会阅读、学会写作、学会运用语言知识,是英语学习能力的重要体现。就阅读而言,培养学生的自主阅读能力是阅读教学的最终目标。在进行阅读教学设计时,要把提高自主阅读能力作为重要的教学目标。在阅读教学实施过程中,要把握"引导"和"自主"之间的关系,要减少"控制",敢于"放手",要教会学生方法,鼓励学生克服障碍,引导学生个性化地呈现阅读过程和阅读结果,并乐意与他人分享。

2016年启动的"提升初中学科课程领导力实证研究项目",目的是提升初中各学科学业质量,提升学校教研活动的品质。随着此项目研究逐步推进,针对上面提到的有关学生英语学习能力的问题,项目组确定将"提升学生自主阅读能力"作为2020年英语学科项目研究的主题。关于本主题研究的组织实施,上半年主要采用线上研讨方式(受疫情影响),主要任务是学习相关理论、分析教学中存在的问题、反思自己的教学设计;在下半年共开展了三次教研活动。

(二) 教研主题的确定

教研主题源于教学中的真实问题。本主题教研活动"真实问题"的属性表参见表5-7。

表5-7 真实问题属性表

问题的来源	☑ 课程教学实践的需要 ☑ 学校项目与课题研究的需要 ☑ 指向教学中急需解决的问题 ☑ 指向教学中的重难点问题 ☐ 其他:_____
问题的类型	☐ 聚焦学校发展 ☑ 聚焦教师专业发展 ☑ 聚焦学生发展 ☐ 聚焦与教育相关的其他问题(如家校合作等) ☐ 其他:_____
问题确定的方法	☑ 访谈 ☑ 观察(课堂或日常) ☑ 问卷调查 ☐ 政策研究 ☐ 其他:_____

(续表)

问题转化为主题的条件	☑ 指向明确　　☑ 具备研究基础　　☑ 具有研究时空 ☑ 具备可操作性　☐ 其他：＿＿＿＿＿
其他说明	关于"真实问题"，还需要补充的是：＿＿＿＿＿＿＿＿＿

1. 问题的来源

本教研活动聚焦的问题，是学生学习方式的转变。项目组在确定问题的时候提出了以下假设：自主学习能力弱是九年级学生英语学习中的普遍问题，从教学来看，"控制过多"是造成问题的主要原因，解决该问题是课程与教学实践的需要。学习能力是英语课程核心素养的要素之一，学习能力的培养是英语课程的重要目标之一，也是英语课堂教学设计重要的出发点之一。

对该问题的解决，是"提升初中学科课程领导力实证研究项目"中英语学科的一项主要研究内容，有助于改变教师的教学方式，尤其是九年级复习课的教学方式，从而改变学生的学习方式和复习方式，最终提升学生独立解决问题的能力，提升英语学科学业质量。切实解决这个问题，是英语课程核心素养培养的需要，也是教师们的普遍期盼。培养学生的自主学习能力又是教学中的难点问题，而对于培养学生自主学习能力的策略尚缺乏研究，能提供教师参考或借鉴的案例较少，尤其缺少如何提升学生独立阅读和独立写作能力方面的案例。

2. 问题的类型

要培养学生的自主学习能力，需要关注教师专业发展。教师要理解英语课程核心素养的内涵与要求，并知道如何去培养学生的自主学习能力。教师还要能反思自己的课堂教学，从英语课程核心素养培养的角度解剖自己的教学设计与教学实施过程，找准问题，思考解决问题的路径。项目组拟通过实证研究与实践研究，分步探讨如何培养学生独立阅读能力和独立写作能力，以公开课的形式呈现问题解决的方法，以专题发言的形式呈现解决问题的思路与理论，目的是培训参加教研活动的教师，提升他们的专业发展水平。

要培养学生的自主学习能力,也需要关注学生的发展。教研活动的目的之一,是通过教师教学方式的转变引发学生学习方式的转变。就独立阅读的话题而言,是要教会学生独立运用阅读策略读懂陌生的文章,解决阅读中的问题;从会读一篇文章迁移到会读一类文章,并从会读一类文章迁移到会读各类文章。同样,也期望学生将独立阅读的体验和经历,迁移到独立写作、独立学习词汇和语法等方面。还希望学生将在英语学科自主学习的经历,迁移到其他学科学习中,并为他们未来的高中、大学和终身学习奠定良好的基础。

3. 问题确定的方法

采用访谈、文本分析和问卷调查等方法确定问题。

(1) 访谈

项目组从16所项目校中挑选了7位教师进行访谈,访谈的问题有三个:你认为你的学生在英语学习中最大的问题是什么;你认为教研活动中的公开课应该聚焦什么;你对项目组有何期望。项目组整理了与7位教师访谈的记录,分析了以上三个问题回答的关键词,得出以下结论:学生在英语学习中最大的问题是过度"依赖"教师;教研活动的公开课应聚焦如何设计专题复习;希望项目组能提供更多培养学生能力的课例。

(2) 文本分析

项目组让16所项目校各提供1份九年级英语复习课教学设计文本(教案),要求这些教学设计已经付诸实践。项目组借助分析工具(表5-8)对16份教学设计进行了文本分析。

表5-8 分析工具

序号	教学目标是否指向学习能力	活动设计是否指向"自主、探究、合作"
1		
2		
3		
……		

在分析各份教案时,着重分析教学目标和活动设计,关注其指向学习能力培养的表现。对于问题的回答要提供证据,比如若活动设计指向"自主",则要提供活动的名称及其说明。经过对16份教案的分析,得出以下结论:没有一节复习课的教学目标指向学习能力的培养;12节课设计了"合作类"活动,但几乎没有一节课的活动设计涉及"自主"或"探究"。项目组发现,几乎所有九年级复习课的教学设计,都缺乏对学习能力培养的关注;大部分的课虽设计了合作类活动,但多数合作类的活动不需要合作也能完成;而指向"自主学习"或"探究学习"的复习活动设计,竟然匿迹。

(3)问卷调查

项目组让16所项目校的九年级英语教师通过网络问卷提出复习教学中遇到的问题,每位教师提出3个问题,每个问题以"如何"开头。共收到53名教师提出的159个问题,通过关键词分析,梳理出排名前6位的问题:

① 如何设计九年级复习专题?

② 如何设计复习练习?

③ 如何选择阅读素材?

④ 如何上好练习讲评课?

⑤ 如何教会学生审题?

⑥ 如何补差?

以上6个问题是教学中真实、普遍存在的问题,但项目组预设的"如何培养学生自主学习能力"这个问题排序非常靠后,仅问题⑤中有所涉及,这也从侧面反映出该问题并未引起广大教师的关注,于是考虑从"培养学生自主阅读能力"入手,展开关于培养学生自主学习能力的课题研讨。

4. 问题转化为主题的条件

(1)指向明确

"培养学生自主阅读能力"的问题,直接且具体地指向英语课程核心素养的培养,以及通过转变教师教学方式促进学生学习方式的转变,提高九年级复习课的效益,以期提高学生英语学业质量。

(2) 具备研究基础

担任项目主持人的市教研员,曾在2017—2019年期间主持市教研室的研究课题"指向学生自主阅读能力培养的泛读课程实践研究"。该课题于2019年10月结题,主要成果包括:构建了以培养学生英语自主阅读能力为目的的泛读课程设计体系;初步梳理了初中学生自主阅读能力的目标体系;探索出了培养学生自主阅读能力的策略;开发了学生自主阅读能力的评价工具;初步探索了以培养学生自主阅读能力为目标的教材文本的教学策略。此外,课题组成员共公开发表7篇与学生自主阅读能力培养相关的论文。该课题的各项成果均能迁移到"提升初中学科课程领导力实证研究项目",为开展"培养九年级学生英语自主阅读能力"教研活动奠定了扎实的基础。

(3) 具有研究时空

系列教研活动历时一个学期(2020学年第二学期),以"理论学习—实践反思—案例积累—活动展示"为研究思路,共安排三次现场教研活动,分别聚焦九年级新授课阅读教学、补充阅读教学和阅读专题复习教学。三次活动分别由三所项目校承担,15所项目校(2020年起由于学校合并减少了一所)的九年级英语教师共同参与备课、磨课和专题发言。

(4) 具备可操作性

系列教研活动以课堂教学、专题发言和现场教研的形式呈现,为广大教师所熟悉,易于组织,便于操作。所安排的三次活动既彼此独立,又形成一个整体,能产生叠加效应,对整体提升项目校九年级英语阅读教学和复习具有推动作用,对参加活动的项目组以外的教师而言是一个组合式的阅读教学培训。

综上所述,确定本次教研活动的主题是"提升学生自主阅读能力"。在听取了项目校教师的建议后,拟定2020学年第一学期的三次活动聚焦"九年级学生自主阅读能力的培养"。

教研活动主题属性表如表 5-9 所示。

表 5-9　教研主题属性表

教研活动主题	九年级学生自主阅读能力的培养
解释性	☑ 主题导向教学中的关键问题 ☑ 对主题有明确的解释 ☑ 参与活动的教师能理解主题 ☐ 其他：＿＿＿＿＿＿
系列化	☑ 根据主题设计了系列活动 ☑ 系列教研活动之间结构清晰 ☑ 该主题与其他教研主题相关 ☐ 其他：＿＿＿＿＿＿
匹配度	☑ 教研活动安排匹配活动主题 ☑ 教研活动过程围绕活动主题 ☑ 教研活动成果呼应活动主题 ☐ 其他：＿＿＿＿＿＿
其他说明	关于"教研主题"，还需要补充的是：＿＿＿＿＿＿＿＿＿＿

① 解释性

（a）主题导向教学中的关键问题。这里所说的教学关键问题包括教学设计和教学实施层面的问题，也包括学生学习的问题，这些问题都指向课程核心素养的培养。"培养初中学生自主阅读能力"指向英语课程核心素养"学习能力"维度，是教学中普遍存在的问题，是教学关键问题。

（b）对主题有明确的解释。项目组对"初中学生英语自主阅读能力"作出了概念界定：学生能独立判断文本体裁，选择恰当的阅读策略理解文本，并能对阅读过程与结果进行自我评价。教研活动主题聚焦"教学设计"，引导教师为培养学生"自主阅读"能力而反思教学设计、优化教学设计与实施。

（c）参与活动的教师能理解主题。从系列活动后收集的"活动单"

可以看出,大部分教师都理解了教研活动主题。如参与 2020 年 11 月 25 日在××中学举办的教研活动后,××中学张老师在"活动单"的"你学到了什么"中这样回答:

Ⅰ. 运用 anchor chart 工具及 think-pair-share 阅读策略引导学生进行自主阅读,提高了学习的效率。

Ⅱ. 给予学生自主阅读、自由表达的时间和机会,学生自由选择自己喜欢的记录形式完成阅读笔记,分享收获,表达想法。

这样的回答,说明教师基本理解了教研活动的主题。

② 系列化

本主题教研活动为系列活动。

(a) 设计了系列活动。系列活动由三次活动组成,活动地点分别安排在三所学校,具体安排如表 5-10 所示。

表 5-10 系列活动

次数	时间	地点	教学内容
1	10 月 15 日	××中学	8A M1 U3 补充阅读 The funny side of police work
2	11 月 25 日	××中学	9A M3 U6 主阅读 Protecting the innocent
3	12 月 24 日	××中学	九年级阅读复习

(b) 系列教研活动之间结构清晰。系列活动力求突出九年级阅读教学的特点。对于八、九年级教材中大部分类型的文本,学生已经较为熟悉,学生在阅读时应调动已有的阅读体验和经验来读懂,这就要求教师的教学设计不能提供过多的"支架",要尽可能鼓励学生在阅读过程中进行自我启发、自我引导与自我监控。同时,对于九年级教材中的主课文和补充阅读的教学,有不同的要求,其中主课文的阅读还是要靠教师适时、适当的引导与介入,而补充阅读则要求教师完全放手。本次系列活动分别聚焦主课文阅读教学和补充阅读教学,同时还关注了九年级阅

读复习教学,目的是引导教师合理设计复习专题,努力培养学生自主阅读能力。因此,三次活动既相对独立,又彼此关联。

(c) 该主题与其他教研主题相关。项目组 2020 学年第二学期教研活动的主题是"九年级学生独立写作能力的培养"。此外,项目主持人于 2020 年 10 月向市教研室申请"初中学生英语自主学习能力培养的实践研究项目",并成功立项,由市初中英语学科中心组专家指导全市 20 所学校开展实践研究,与"提升初中学科课程领导力实证研究项目"相辅相成。

③ 匹配度

(a) 教研活动安排匹配活动主题。以 2020 年 11 月 25 日在××中学举办的活动为例,这次活动由四部分内容组成,第一部分是课堂教学,由该中学何老师执教九年级第三模块第 6 单元阅读 Protecting the innocent,探索利用主课文培养学生自主阅读的策略;第二部分是课堂教学点评,由项目组教师现场点评,然后由项目组两位专家进行点评,点评时借助"观课工具";第三部分是专题发言,由该校王老师和陈老师分别作题为"促进学生学习能力提升的阅读教学设计"的发言;最后由项目主持人、市教研员赵老师做活动总结。

(b) 教研活动过程围绕活动主题。仍以上述教研活动为例,课堂教学注重培养学生自主阅读的能力,专题发言交流了学校围绕培养学生自主阅读能力的实践探索与阶段成果,点评也是借助工具围绕主题进行的。其课堂教学注重对学生自主阅读能力的培养,主要体现在教学目标、阅读活动和作业环节等三个方面。在教学目标方面,本课教学目标共有三项,其中第一项目标为:By the end of the lesson, the students are expected to better understand the case of a stolen vase by sharing their thoughts and reading logs with one another. 本项目标引导学生运用 reading logs 开展独立阅读,并与他人分享自己的理解。在阅读活动方面,本课共有三个阅读活动指向自主阅读能力的培养,如第一个活动:Go through the text quickly and figure out the main idea in the interview by think-pair-share technique.让学生开展独立阅读,然后与同伴进行分享。在作业环节方面,本课设计了作业:①Continue the interview between Pansy and detective Ken. ②Write an outline for Pansy's article on detectives.这两个作业呼应教学目标,着力培养学生在独立阅读、相互分享的基础上激活个性化思维。

(c) 教研活动成果呼应活动主题。系列教研活动的成果包含教学设计工具、观课工具,以及指向学生自主阅读能力培养的策略等。以教学设计工具为例,项目组与学校教师一起共同开发了指向自主阅读能力培养的"问题链",如下所示:

Ⅰ.该文本类型学生是否熟悉?为什么?

Ⅱ.该文本阅读需要哪些策略或技能?学生是否熟悉?

Ⅲ.学生独立阅读是否能读懂?

Ⅳ.如果学生能够读懂,我如何设计活动进行检测?

Ⅴ.如果学生读不懂,哪里读不懂?为什么?我如何设计活动帮助学生读懂?

系列教研活动在课本"主课文阅读教学""补充阅读教学"和"阅读专题复习教学"方面取得了阶段研究成果。

提出"主课文阅读教学"的策略,例如:引导学生把握"文本特征",对文本内容进行合理的预测;通过举例引导学生用思维导图、流程图、图片、表格等形式个性化地呈现自己的理解,并能与他人进行分享;引导学生根据文体特点获取重要的信息;引导学生解释词、句、段、篇,推断写作意图;引导学生对文本内容进行评价、质疑;引导学生把握"教材留白",拓宽思维;引导学生发现问题、分析问题、解决问题。

提出"补充阅读教学"可从以下几个方面设计培养学生自主阅读能力的活动:引导学生把握"文本特征",根据文体选择恰当的阅读策略;引导学生从内容、结构和语言三个方面比较"主课文阅读"和"补充阅读";引导学生用思维导图、流程图、图片、表格等形式个性化地呈现自己的理解;引导学生克服生词障碍,或根据上下文推断生词意思;引导学生自主概括文本大意，推断写作意图。

提出"阅读专题复习教学"的策略，例如：依据学生阅读困难设计复习专题，复习专题应该体现结构化和系列性；专题复习教学设计可遵循"问题切入—问题分析—策略指导—练习跟进"的路径，从实证角度分析学生在阅读方面的问题，并与学生一起探讨解决问题的方法，形成阅读策略，并提供针对性的练习让学生举一反三。

以上教研活动的成果均呼应教研活动的主题。

（三）教研团队建设

系列教研活动是项目组领导下的团队活动，其属性表如表5-11所示。

表 5-11　教研团队属性表

团队性质	☑ 单学科　　□ 跨学科　　□ 跨领域　　□ 跨学段 □ 其他：_____
人员组成	○ 5人及以下　○ 6～10人　○ 11～20人　☑ 21～30人 ○ 其他：_____
分工形式	□ 一人领导决策下的分工合作 ☑ 以小组为单位进行分工合作 ☑ 基于活动主题内容的分工合作 □ 没有特别明确任务指向的自由分工合作 □ 其他：_____
任务责任	☑ 活动策划　　☑ 组织研讨　　□ 一般参与者　　☑ 担任专家点评 ☑ 上研究课　　□ 担任说课　　☑ 完成报告　　□ 其他：_____
其他说明	关于教研团队，还需要补充的是：_____

1. 团队性质

系列教研团队为"提升初中学科课程领导力实证研究项目"英语学科团队。

2. 人员组成

团队人员组成如下：

（1）专家团队共 3 人，包括一名市教研员，两名项目顾问（区教研员、原市学科中心组专家）。

（2）骨干教师团队共 15 人，是 15 所项目校英语学科联络人。

（3）支持团队共 4 人，均为市学科中心组专家。

（4）实施团队（三次活动）共 14 人，承担执教、发言、现场教研任务。

（5）宣传团队共 4 人，其中一人负责项目微信公众号的管理，其余三人分别负责一次活动的报道撰写。

3. 分工形式

（1）专家团队：负责策划、设计市教研活动。项目专家协助教研活动策划，并在三次活动中对课堂教学和专题发言进行点评；市教研员承担活动主持或活动总结任务。

（2）骨干教师团队：负责活动前期准备，与执教教师共同备课，参与磨课，辅助专题发言和现场教研。

（3）支持团队：每次活动前深入承担活动的学校，负责各项任务的前期准备，并通过微信、电子邮件等对相关文本进行指导。

（4）实施团队：三次活动各有一名教师执教公开课，其他教师在教研活动中作专题发言或进行现场专题教研。

（5）宣传团队：及时撰写活动报道，并在微信公众号上发布。

4. 责任任务

以上团队人员各司其职，分别承担策划活动、组织研讨、执教公开课（研讨课）、作专题发言、展示现场教研、进行点评等任务。

（四）教研资源设计

教研资源属性表如表 5-12 所示。

表 5-12 教研资源属性表

资源类型	☑ 纸质材料 ☑ 电子文本 ☑ 视频 ☐ 网页 ☐ 其他：_____
资源内容	☑ 教学设计（教案、教学反思等） ☐ 研究性材料（报告、论文等） ☑ 会议安排（议程等） ☑ 工具表（可列出工具表种类） ☑ 其他：<u>公开课视频</u>
资源获取	☑ 活动前下发 ☑ 活动现场下发 ☑ 其他：<u>活动后下发视频资源</u>
资源功能	☑ 有助于参与者提前了解活动内容 ☑ 有助于参与者深度参与活动过程 ☑ 有助于参与者后续进行学习 ☑ 有助于活动的档案留存和管理 ☐ 其他：_____
其他说明	您认为支持教研活动开展必要的教研资源还有： _____ 您认为提升教研活动品质的教研资源还有： _____

1. 资源类型

资源类型包括纸质材料、电子文本和视频等。纸质材料和电子文本是指公开课的教学设计，视频内容为公开课和专题发言的录像。

2. 资源内容

资源内容包括教学设计、会议安排、活动策划预告单、工具表和公开课视频，其中工具表包括课堂观察表和活动反馈表。

3. 资源获取

活动策划预告单和会议安排随活动通知于活动前下发；教学设计和工具表于活动当天现场下发；公开课和专题发言的视频于活动后下发给各区教研员，再由各区教研员组织培训或下发给基层学校。

4. 资源功能

活动策划预告单和会议安排有助于参加活动的教师在活动前了解活动的主题、内容,并作针对性的准备;教学设计文本、课堂观察表等有助于教师深度参与教研活动;活动反馈表有助于项目组对活动进行评估与反思,并留存档案;公开课与专题发言的视频有助于参与活动的教师在活动后持续深入地学习,同时也能供未参加活动的教师进行学习。

(五)教研活动开展

1. 活动目标

(1)提升教师"培养学生自主阅读能力"的意识。

(2)形成"培养学生自主阅读能力"的教学设计工具、策略、原则与案例。

2. 活动流程

三次活动的开展均遵循如图5-2所示流程。

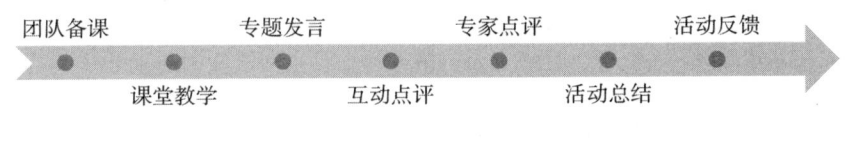

图 5-2

3. 活动策划预告单

以2020年10月15日在××中学举行的教研活动为例,活动策划预告单如表5-13所示。

表 5-13 活动策划预告单

时间	2020年10月15日	地点	××中学	学科	英语	策划组织者	市教研室
教研主题	培养学生自主阅读的能力——教材"补充阅读"的教学			出席对象	项目学校教师代表;青年教师研修班学员		

	类别	概述	备注
教研活动设计	选题的动因	八、九年级教材每个单元末的 More practice 版块为补充阅读。从单元整体教学设计的视角来看,要求学生运用主课文阅读所学的策略和话题知识读懂补充阅读文本,培养学习能力。这就要求教师在教学设计中减少"控制"型的活动,激活学生已有的知识和技能储备。然而,在教学实践中,大部分教师的教学设计与主课文的阅读一样,按部就班地设计读前、读中和读后活动,一节课的容量很大,时间来不及,也错过了培养学生独立解决问题能力的良机。	
	活动过程安排	1. ××中学胡老师执教八年级第三单元补充阅读 The funny side of police work 公开教学。 2. 对公开教学进行点评。 3. ××中学骨干教师申老师、王老师作"培养学生独立解决问题的能力"的专题交流。	
	活动效果预估	1. 与会教师能运用工具对八年级补充阅读教学进行评价。 2. 与会教师对如何培养学生自主阅读能力有初步印象。 3. 项目组初步形成培养学生自主阅读八、九年级补充阅读的策略。	
活动资源(材料)		1. 八年级第三单元补充阅读公开教学的教学设计文本。 2. 补充阅读课堂观察工具。	

活动策划预告单随活动通知下发给项目组教师,让参与活动的教师提前了解活动的背景和安排,并对参加活动作好必要的准备。

4. 活动观察单

活动观察单是教研活动的工具之一。根据活动的安排,活动观察单包括课堂教学观察表、现场教研观察表。

项目组根据系列活动的特点和要求,开发了课堂教学观察工具。工具开发的流程是:

明确活动目标—梳理工具要素—确定观察指标—设计观察表—试用—基于数据修改工具—确定工具。

经历上述流程后开发的观课工具,如表 5-14 所示。

表 5-14 教研活动观课工具

观察点	赋分 (1~5 分)	赋分说明
1. 鼓励学生整体阅读		
2. 引导学生把握文本特征		
3. 所提问题能激活学生思维		
4. 鼓励学生发现问题、解决问题		
5. 鼓励学生分享阅读成果,并相互学习		

本工具表中的"观察点"由五个指标构成,呈现出一节指向学生自主阅读能力培养的优秀阅读课的标准。事实上,观课工具表中的"观察点"指标对教师的阅读教学设计也能起到很好的引导作用。一个高质量的观察工具在某种意义上也是一个高质量的设计工具。

"赋分"引导教师根据五个指标对课堂教学进行评价,赋予各指标的分值(取整数)大小与课堂教学中该指标的表现优劣相关。项目组根据参会教师所填工具对课堂教学在各指标上的表现进行统计与分析,目的是反思教学设计,为后续教研活动的开展尤其是课堂教学设计作准备。"赋分说明"栏目旨在引导教师基于实证开展评价,对赋分依据作必要说明。实践证明,观课教师的赋分和说明很可能出现不匹配的现象,其背后原因是教师未能把握评价指标标准的内涵,或听课过程中未能依据评价指标开展评价。这些情况的出现,也为项目组开展后续活动和培训积累了素材。

5. 系列活动的组织

一个活动分设的阶段及每个阶段的内容如表 5-15 所示,三次活动阶段的情况大致相同。

表 5-15　系列活动的组织内容

阶段	主要内容
活动前	• 确定活动承办学校 • 确定课堂教学课题 • 确定团队备课任务 • 确定围绕专题发言开展的实践研究任务 • 研制、试用、修改文本解读工具和观课工具
活动中	• 用观课工具听课、评课 • 围绕课堂教学和专题发言进行互动交流 • 专家点评、活动总结
活动后	• 参与活动的教师填写"活动单" • 通过微信公众号发布、宣传活动成果 • 制订下一次活动的方案

6. 活动反馈单

为提高教师的"参与度",项目组开发了新的"活动单"。以"活动单"引导教师在活动前须作好相应的准备,在活动中须完成特定的任务,在活动后要持续对研究主题进行思考与实践。"活动单"的运用,主要指向深度教研的"情感参与",相当于活动的"反馈单",如表 5-16 所示。

表 5-16　教研活动反馈单

学校		教师	
听课学校		执教教师	
课题		听课日期	
活动前	我对文本的解读：＿＿＿＿＿＿＿＿＿		
活动中	我运用"观课工具"对本课的点评：＿＿＿＿		
活动后	我能借鉴的经验：＿＿＿＿＿＿＿＿＿		

系列活动的反馈单着重让参与活动的教师从"活动前""活动中"和"活动后"三个方面写出自己的感受。"活动前"聚焦参会教师本人对教

学文本的解读。"活动中"聚焦参会教师运用观课工具对课堂教学的评价,统计结果能帮助项目组了解参会教师心目中该节课的质量,也有助于项目组对观课工具进行反思与调整。教师在这个指标中所填的内容,还能帮助项目组及时了解参会教师对活动主题"培养学生自主阅读能力"的把握。"活动后"聚焦参会教师能从活动中收获什么,统计信息有助于项目组对教研活动的质量进行评价,也有助于项目组对后续教研活动进行展望。

7. 互动交流

在课堂教学和专题发言后,主持人让参会的教师与授课人、专题发言人进行互动交流。以11月25日××中学教研活动为例,三位一线教师参与了互动,他们或对"自主阅读能力的培养"提出自己的解释,或对授课人就教学设计进行提问,或对专题发言中的某一具体经验进行追问。一线教师参与互动,打破了以往专家"一言堂"的状况,调动了教师参与活动的积极性,激发了教师们的思维碰撞,活跃了现场气氛。互动交流也在一定程度上落实了总项目组今年启动的另一个子课题"深度教研的实践研究"的要求。根据课题组阶段研究成果,"参与度"是"深度教研"最重要的要素之一,"行为参与""认知参与"和"情感参与"体现了不同的"参与"程度。参加教研活动是"行为参与",而对活动主题的解释、对课堂教学的点评、与同行互动等属于"认知参与"。

8. 活动的宣传

系列活动结束后,由专人负责撰写与编辑活动报道,并在项目组微信公众号上发布。活动报道一般由五部分组成:(1)导语;(2)课堂教学;(3)点评;(4)专题发言;(5)活动总结。

以2020年10月15日活动为例,"专家点评"的内容如下:

朱老师首先引导大家对本次研讨的主题进行思考:学生自主解决的"问题"指的是 problem,教师既要关注共性问题,也不能忽视个性问题。朱老师提出,在语言学习中,要突出交际功能,如本篇课文的三个故事是在采访中讲述的,教师可以引导学生把文本转换为对话。随后,她评价胡老师的课堂教学达成了两个预设目标。最后，朱老师提出以下几个问题并带领在座教师展开了思考：在自主阅读中，何为适度把握追问；自主阅读的作业有没有可衡量的标准；读前预测的问题是否与后面的教学设计形成呼应。

周老师从研讨主题出发，着重围绕自主阅读中的提问环节展开点评。首先，他肯定了学生自主提问有助于学生开展自主阅读。同时，他也指出学生所提的问题有时是无序、杂乱的，他认为在学生提问时教师应该给予恰当的引导。比如教师可给出 location、facts、feeling 等关键词，帮助学生减少诸如问题先后倒置的情况。

赵老师指出，胡老师本节课并没有用课件，而是用板书示范阅读过程，用投影分享学生阅读成果，回归真实、朴实的课堂，值得提倡。同时，赵老师就教学容量的控制、学生参与面与生生互动等给出了指导性的建议。

活动报道对整个活动流程再次进行了梳理，通过微信公众号对外宣传，一方面能帮助项目组的老师围绕主题持续学习，另一方面也让没有参加现场活动的教师有机会学习。此外，微信公众号的宣传在一定程度上扩大了项目组和项目研究的影响力，提升了项目参与教师，特别是参与教研活动执教、发言、点评教师的自信心。

（六）教研评价设计

系列教研活动结束后，项目组用自己开发的"实践评估属性表"对活动进行了自评，如表 5-17 所示。

表 5-17 实践评估属性表

要素覆盖	☑ 主题　☑ 内容　☑ 过程　☑ 方法　☑ 参与
观察设计	☑ 评估观察点典型　　☑ 评估观察点数量合理 ☑ 评估观察点可操作性强
证据意识	○ 基于实证开展评估 ☑ 部分基于实证开展评估 ○ 未基于实证开展评估

（续表）

工具支持	○ 评估过程有系统的工具支持 ☑ 评估过程有一定的工具支持 ○ 评估过程没有工具支持
结果关注	☑ 问题解决质量　　☑ 团队发展程度
一个亮点	主要涉及的要素：☑ 主题　□ 内容　□ 活动　□ 参与 □ 反思 简述（围绕上述要素）：<u>　见下文　</u>
一个提升点	主要涉及的要素：□ 主题　☑ 内容　□ 活动　□ 参与 □ 反思 简述（围绕上述要素）：<u>　见下文　</u>

1. 要素覆盖

系列教研活动覆盖了基本要素。本次活动主题明确，即提升学生自主阅读能力；教研活动内容清晰，三次活动均包括课堂教学、专题发言、教师互动、专家点评；教研活动过程真实、清晰，包含活动前的策划准备、活动中的组织实施、活动后的整理反思等；教研活动方法得当，如重视实证研究、重视工具的开发与利用、重视互动等；教研活动参与面广，三次系列活动不仅吸引了项目组参与教师，相关区、校教师也积极参与。

2. 观察设计

对系列活动的评估确定了三个观察点：一是活动的组织，二是活动的参与，三是活动的效果。观察点选取典型，数量合理，易于操作。对活动组织的观察主要基于三次活动的通知，通知上既明确了活动的目的或意图，也清晰呈现了活动的组织与过程。对活动参与的评估主要依据活动后收集到的"反馈单"，看参与活动的教师行为参与、认知参与和情感参与的情况，三次活动中有两次下发并回收了一定数量的"反馈单"。对活动效果的评估主要从两方面开展，一是看现场互动的情况，主要看参与互动的教师数量和互动的内容与质量，二是看"反馈单"中对"我收获了什么"指标的反映。

3. 证据意识

项目组对于系列教研活动的评估具有证据意识。以上述观察设计的三项内容为例：对活动组织的评估基于文本分析；对活动参与的评估基于"反馈单"的分析；对于活动效果的评估基于文本分析和活动现场的真实情况。

4. 工具支持

对于活动参与、活动效果的评估借助项目组开发的"反馈单"，体现了工具支持。

5. 结果关注

关注教研活动的结果，回应教研活动设计的意图和目的——如何提高学生自主阅读的能力。三次系列活动，分别聚焦单元拓展文本、单元主阅读和阅读专题复习，培养学生自主阅读能力。从学生课堂表现来看，教学目标的达成度较高；从教师互动以及"反馈单"的填写情况来看，教师们看懂了课例，理解了自主阅读能力培养的内涵与要求，学到了培养独立解决阅读中问题的策略与方法。三次活动均重视团队合作，例如：课堂教学的备课和磨课，汇集了 15 所项目校的骨干教师；三次活动的专题发言，是专家团队、青年教师研修班部分成员、项目组成员精诚合作的结果。

6. 一个亮点——主题

根据《义务教育英语课程标准（2022 年版）》，英语课程的核心素养包括正确的价值观念、关键能力和必备品格，其中"学习能力"是关键能力之一。系列活动的主题"培养学生自主阅读能力"，正是指向英语课程核心素养。项目校大部分为各区的"强校工程"学校，学生的英语学习起点不高，学习能力较弱，自主学习能力更有待提高。而教师为提升英语学业质量，普遍"加班加点"，给学生造成过重的学业负担，得不偿失。经过调研与反思，项目组发现，短时间大面积提升学业质量的途径之一是提升学生的学习能力，尤其是自主学习能力，并基于这个假设开展了长达 5 年的实证研究，取得了一定成效。

7. 一个提升点——内容

活动内容一般包含课堂教学、专题发言、互动和专家点评,整体而言,内容较为丰富,也便于操作。如果要进一步提升活动的参与度和效益,内容方面可以做进一步优化。项目组经过反思,提出了以下调整思路:一节课不仅聚焦阅读,也可以同时关注阅读、词汇和语法,探索一节课内如何培养学生独立解决问题的能力;专题发言代表性不够,可以让其他学校教师在各自学校独立开展同主题的教研活动或课堂教学后分享经验,或播放活动、课堂教学片断,或进行说课,真正扩大活动的参与面,真正体现"任务驱动"和经验分享;教研活动中,可以邀请学生参与讨论,听听学生真实的需求和收获,也可以邀请高校专家作专题报告,从理论的高度培训参会教师。

(七) 教研活动小结

1. 教研活动属性表

以 2020 年 10 月 15 日活动为例填写活动属性表,如表 5-18 所示。

表 5-18 教研活动属性表

活动主题	培养学生自主阅读能力——八年级拓展阅读教学			
参与群体	☐ 备课组　　☐ 教研组　　☐ 跨学科组 ☐ 跨校教研　☐ 跨区教研　☑ 市级教研 ☐ 其他:_____			
活动规模	○ 20 人及以下　　☑ 21~50 人　　○ 51~100 人 ○ 100 人以上　　○ 其他:_____			
活动形式	☐ 备课活动　　　☑ 课例研修(听评课) ☐ 讲座与报告　　☑ 日常研讨 ☑ 展示活动　　　☐ 其他:_____			
活动流程	序号	环节与内容	预设时间	负责人
	1	课堂教学	40 分钟	胡老师
	2	教学点评	20 分钟	周老师、朱老师
	3	专题发言	20 分钟	王老师
	4	活动总结	20 分钟	赵老师

(续表)

活动的主要任务	探索如何在八年级拓展阅读课激活学生的自主学习能力
活动资料	☑ 教学设计　☐ 研究资料　☑ 研讨材料 ☑ 会议纪要　☐ 活动方案　☐ 其他：_____
其他说明	关于"教研活动"，还需要补充的是：_____

表格中的活动是系列活动的第一次，聚焦八年级拓展阅读的教学设计，旨在展示研究成果，培训参会教师。活动以课堂教学和专题发言为主要形式，课堂教学后是参会教师的互动点评与专家点评。参会教师先利用工具对课堂教学进行点评或提出质疑，随后通过10分钟左右的分组讨论达成共识，并派4名代表在会上发言，与执教教师进行互动。这个环节是本项目研究教研活动的特色之一，也是提升初中英语学科深度教研的途径之一。

本次教研活动为系列教研活动开了一个好头，"啃下"了初中英语学科教学中难啃的一块"骨头"，即如何运用拓展阅读培养学生自主阅读的习惯与能力。但活动中并未探讨拓展阅读与主阅读的关系，也就是说，本节课的教学设计尚未站在"单元"的高度进行设计。此外，九年级拓展阅读与八年级拓展阅读的教学设计思路是否完全一致？项目组预设的答案是否定的，但具体如何，尚需进一步探讨。最后，尽管有4名普通老师参与了互动，但这个数量仍有限，大部分老师还是较为被动。如何提高教师参与教研活动的深度，仍是待解决的问题。

2. 教研活动的成果

(1) "培养学生自主阅读能力"文本解读工具，如前文所述。

(2) "培养学生自主阅读能力"观课工具，如前文所述。

(3) "培养学生自主阅读能力"教学设计策略与原则，如前文所述。

(4) "培养学生自主阅读能力"教学案例。

每一次活动的课堂教学案例均是课题研究的阶段成果。以2020年11月25日××中学教研活动的公开课教学为例，教学设计如表5-19所示。

Teaching plan

Material: Module 3 Unit 6 Protecting the innocent (Reading), Oxford English 9A

Teacher: 何××

Teaching objectives:

By the end of the lesson, the students are expected to ...

• better understand the case of a stolen vase by sharing their thoughts and reading logs with one another.

• make inference and draw conclusions based on the information of the case by reading between the line.

• know what it's like to be a detective and the importance of never jumping to conclusions.

Teaching focus:

Guide students to understand the case of a stolen vase through independent reading.

Learning difficulty:

• Students may have little crime-related background knowledge.

• Students may find it difficult to explain the relationship between facts and conclusions.

表 5 - 19 Teaching procedures

Stages	Learning activities	Purposes
Pre-reading	1. Review the text the *Funny Side of Police Work* and answer some questions about the text.	To activate students' prior knowledge and elicit the topic of the lesson.
	2. Read the introduction and identify the text type.	To help students learn about the background information of the interview.
	3. Predict what the interview might be about.	To develop students' ability of predicting.

（续表）

Stages	Learning activities	Purposes
While-reading	1. Go through the text quickly and figure out the main idea in the interview by think-pair-share technique.	To get students to practice skimming skill. To encourage individual thinking and collaboration.
	2. Talk about the usual steps a detective follows when dealing with a case.	To get students to think about what to read about a crime case.
	3. Read the first part of the interview (lines 1—19) and draw an anchor chart individually.	To allow for independent reading.
	4. Share the anchor charts in groups and evaluate the anchor charts using a checklist.	To prompt students to think about what a good reading log is like.
	5. Talk about the clues and draw possible conclusions.	To guide students to draw conclusions based on evidence.
	6. Read the second part of the interview (lines 20—41) and figure out the result of the case.	To encourage students to read between the lines and draw inferences from the information given.
Post-reading	1. Think about questions detective Ken might ask Jill and Mr. Jones.	To get students to practice logical reasoning.
	2. Talk about what kind of detective Ken is.	To guide students to do character analysis.
Assignments	1. Continue the interview between Pansy and detective Ken. 2. Write an outline for Pansy's article on detectives.	

本教学设计是一个培养学生自主阅读能力的典型案例,体现在以下四个方面。

① 引导学生识别文体

读前环节的三个活动，主要引导学生识别文体，并对课文内容进行预测。许多教师在该环节会直接告诉学生课文是一段"采访"，然后让学生开始阅读。本课执教教师没有代替学生思维，而是鼓励学生激活已有知识，培养独立解决问题的能力。

② 启发学生自我构建

在学生阅读过程中，教师没有提供统一的 reading log，而是让学生开发具有个性化特征的 anchor chart，以呈现自己对语篇的理解。

③ 引导学生读懂并进行相互评价

学生开发 anchor chart 的过程也是开展自我评价的过程。教师提供了 checklist 来引导学生对同伴的 anchor chart 进行评价。相互评价的过程也是分享的过程，并为自我评价打下了基础。

④ 鼓励学生个性化思维

作业环节体现对学生个性化思维的培养。第一个作业要求学生在理解课文的基础上"续编"对话。这既可以是写作作业，也可以是口头作业；既可以设计为学生独立完成的作业，也可以是学生两两合作的作业。从教师的反馈来看，学生根据自己的理解续编出完全不同的对话，体现了个性化思维的激活。

3. 活动展望与反思

（1）展望

① 项目阶段成果的推广

拟在下学期组织市级（线上或线下）活动，宣传、推广项目研究成果，培训全市骨干教师。

② 开发"培养学生自主阅读培养"微视频

根据项目组研究方案，开发"网络研训一体专题复习微视频"是主要任务之一。拟在两年内开发 30 个左右的微视频，为教师开展九年级专题复习提供内容确定、目标设计、课时划分、资源配置、练习选择等方面的建议。拟在本学期专题研究的基础上，围绕"自主阅读"开发三个微视频。

③ 聚焦"自主写作能力的培养"

下学期将在自主阅读专题研究的基础上,聚焦"自主写作能力的培养"。拟开展系列专题研究,开发教学设计工具,针对命题作文、半命题作文、材料作文等类别探索培养学生自主审题、自我启发、自我构建、自我修改、自我检查等能力;拟开展三次教研活动宣传、推广研究成果。

(2) 反思

① 教学改进

教学设计要进一步减少"控制";要把学生自主学习能力培养纳入教学目标;要充分解读教材文本,设计符合学情的自主学习活动;要对学生自主学习能力进行评价,并引导学生相互评价与自我评价。

② 教研改进

要把学生自主学习能力培养纳入校本教研的内容;自主学习能力的培养要成为备课组活动的重要内容;要结合学情、校情围绕"学生自主学习能力的培养"开展课题研究。

第二节　中学化学学科深度教研

一、专题研究:螺钉模型引领教研活动的实践探讨

下面以"基于综合实验室建设的跨学科课程开发与实施"教研活动为例,说明螺钉模型的六个要素对于教研活动走向深度的引领作用,以及属性表在其中发挥的重要作用。

(一) 真实问题

此教研主题源于以下教学现状中存在的真实问题。

1. 学生在学习过程中的实践和体验不够充分

在以学科课程为主的现有课程体系中,教师讲授是学生获取知识的重要途径,因此学生获得的主要是间接经验。整体来看,学生亲身的实践和经历还不足,更缺少对解决实际问题的过程体验,尤其是跨学科的真实问题。

2. 探究环境的普适性和灵活性不足

在实验室的建设中还存在着一些普遍的问题,直接影响了实验教学开展的效率,也不利于课程改革理念的进一步落实。

(1) 实验室的格局仍然以秧田式的格局为主,实验室的大小一般以教室面积为参照,对于实验室的环境氛围建设相对比较忽视,实验功能和教学功能的整合还不够。

(2) 忽视了学科之间的统整,不利于学生将所学的知识在相关学科中迁移运用,也不利于通过实验解决一些联系社会生活实际的综合问题。同时,不同学科在仪器等的配备方面也容易造成重复。

(3) 实验室的利用率不高。即使对于达到装备标准规定的实验室数量的学校,在实际运行中,仍会出现某一学科的实验室时间排不过来,而其他学科实验室却闲置的现象。

(4) 实验室的信息化整合程度还不够,对新的信息化手段的关注和引入还不够及时。

(5) 对实验室管理的软硬件条件的建设还不够重视。课余时间实验室很少对学生开放,对实验室管理的软硬件条件缺乏系统的思考。

3. 对课程之间的融合和沟通缺乏深入研究

长期以来,高中自然科学学习领域采用分科教学的模式,这导致在实施时学科之间缺乏联系和沟通,跨学科教学内容的时间安排、相互关系缺乏统整的思考和设计。受实验室功能分学科的限制,教师不敢设计跨学科的探究活动,基于分科教学要求的跨学科课程开发也存在各种困难。在这样的课程环境中,学生缺乏综合应用所学的各学科知识解决跨学科的综合性真实问题的机会,不利于发挥自然科学学习领域的整体育人优势,影响学生核心素养的全面发展。

4. 跨学科课程实施的师资队伍严重缺乏

当前基层学校的教师一般都是单一学科背景的,在开展跨学科课程开发与实施过程中,在学科知识、实验技能、教学方法等各方面都存在困难。有的学校采取内容按各学科切割、教师"分工承包""轮流上讲台"等形式完成跨学科的教学任务,这显然不利于充分发挥跨学科课程的整体优势。

真实问题属性表,如表 5-20 所示。

表 5-20 真实问题属性表

问题的来源	☑ 课程教学实践的需要 ☐ 学校项目与课题研究的需要 ☑ 指向教学中急需解决的问题 ☑ 指向教学中的重难点问题 ☐ 其他:_____
问题的类型	☑ 聚焦学校发展 ☑ 聚焦教师专业发展 ☑ 聚焦学生发展 ☐ 聚焦与教育相关的其他问题(如家校合作等) ☐ 其他:_____
问题确定的方法	☑ 访谈　　☑ 观察(课堂或日常)　　☑ 问卷调查 ☑ 政策研究　☐ 其他:_____
问题转化为主题的条件	☑ 指向明确　　☑ 具备研究基础　　☑ 具有研究时空 ☑ 具备可操作性　☐ 其他:_____
其他说明	关于"真实问题",还需要补充的是: <u>增强学生的实践和体验是新一轮课程教学改革中的难点问题之一,是发展学生核心素养的重要抓手,而教学环境建设是解决相关困难的重要保障。</u>

(二) 教研主题

通过对真实问题的梳理和分析,形成相关的应对策略。

1. 建立跨学科的综合实验室

有机整合各学科的教学需求,实现场地、设施的优化和整体设计,建设既普适于各分科课程,也适用于跨学科课程的综合实验室,从而提高实验室的利用率。综合实验室的探究环境应具有安全、舒适、方便、灵活、普适、高效的特点,具备实验区、制作区、交流区和展示区等功能区。在信息获取、信息交流、信息展示等各个环节中充分发挥信息技术的作用,包括实验手段的数字化以及实验室管理和学生学习活动过程档案的信息化等。

2. 建立与综合实验室相匹配的跨学科融合课程

充分发挥综合实验室的环境优势,开发跨学科的融合课程,促进学生的实践与体验。跨学科的课程可以是跨多个学科甚至是跨课程领域的,在研究的初期可以先从跨两门学科的课程开始研究,如跨物理和化学两个学科的课程。

3. 培养适合跨学科教学的骨干教师队伍

综合实验室中跨学科课程的实施需要一支具有综合素养的骨干教师队伍,在充分依托基层学校原有师资条件的基础上,需要从以下两个方面重点突破:一是充分发挥学校教研组的力量,既要加强教研组内部的交流,也要实现跨教研组的密切合作和研究;二是要在集体研讨的基础上,努力实现由一位教师在课堂中完成跨学科的教学任务,这需要教师在集体合作和任务驱动的环境中不断提升对相关学科知识的认识。

在分析和梳理问题、形成应对策略的基础上,确定教研主题为"基于综合实验室建设的跨学科课程开发与实施",主要依托××中学开展相关教研。通过教研,希望达成以下目标:

① 完成××中学综合实验室的设计与建设;
② 开发跨物理、化学两个学科的"探秘电池"融合课程;
③ 在课程实施中不断完善综合实验室的建设和配套课程的开发;
④ 在课程实施过程中带动跨教研组的联合教研和教师队伍建设;
⑤ 提炼综合实验室建设和配套课程开发的经验、方法和路径;
⑥ 通过展示活动传播综合实验室及其配套课程建设的经验成果。

教研主题属性表,如表 5-21 所示。

表 5-21 教研主题属性表

教研活动主题	基于综合实验室建设的跨学科课程开发与实施
解释性	☑ 主题导向教学中的关键问题 ☑ 对主题有明确的解释 ☑ 参与活动的教师能理解主题 ☐ 其他：_____
系列化	☑ 根据主题设计了系列活动 ☑ 系列教研活动之间结构清晰 ☐ 该主题与其他教研主题相关 ☐ 其他：_____
匹配度	☑ 教研活动安排匹配活动主题 ☑ 教研活动过程围绕活动主题 ☑ 教研活动成果呼应活动主题 ☐ 其他：_____
其他说明	关于"教研主题"，还需要补充的是： 需要重点解决以下四个问题：①实验室建设缺乏思路；②综合实验室的充分利用问题；③跨学科课程的开发问题；④跨学科课程实施教师队伍建设问题。

（三）教研团队

教研团队主要由××中学物理教研组、化学教研组及生命科学教研组部分教师，××初级中学、××实验小学、××国际小学相关学科教师，市、区两级物理和化学学科教研员组成。

××中学相关学科的教师是教研的核心团队成员，他们结合学校的软硬件条件，基于本校学生特点研究解决问题的方法和路径，建设综合实验室，开发相关课程。××初级中学、××实验小学、××国际小学的相关教师都参与该项目，在实验室建设和课程开发方面与核心团队共享经验和成果。教研员在教研的进程中起到方向引领、指导把关的作用。在教研过程中，核心团队在环境建设、课程开发、教学实践、研究设计等方面进行明确的分工，每位教师都有需要重点突破的任务，深度参与整个教研过程,因此最终教研成果的体现离不开每位教师的努力。同时,在分工的基础上关注团队的紧密合作,尤其是跨学科的合作,通过跨学科的研讨,促进环境的一体化建设和课程内容的高度融合。每位教师在参与教研的过程中,既需要完成自己的分工部分,也需要对教研的整体有清晰的认识。在教研开展的过程中,团队逐渐从引导参与走向自主参与,认知参与和情感参与的比重不断提升。

教研团队属性表,如表 5-22 所示。

表 5-22　教研团队属性表

团队性质	☐ 单学科　☑ 跨学科　☐ 跨领域　☐ 跨学段 ☐ 其他:_____
人员组成	○ 5 人及以下　○ 6~10 人　○ 11~20 人　⊘ 21~30 人 ○ 其他:_____
分工形式	☐ 一人领导决策下的分工合作 ☑ 以小组为单位进行分工合作 ☑ 基于活动主题内容的分工合作 ☐ 没有特别明确任务指向的自由分工合作 ☐ 其他:_____
任务责任	☑ 活动策划　☑ 组织研讨　☐ 一般参与者　☐ 担任专家点评 ☑ 上研究课　☑ 担任说课　☑ 完成报告　☐ 其他:_____
其他说明	关于教研团队,还需要补充的是: <u>本教研团队的组成以一所学校的教师为主,辐射相关学校教师团队,具有一定的跨校性质。</u>

(四) 教研资源

本主题教研的资源有:学校原有的场地条件,包括一间实验室和一间准备室及相关的外围空间;市、区两级教育部门对综合实验室建设及配套课程开发提供的经费支持;教研团队通过实地参观和交流获取的兄弟学校在实验室及相关课程开发的经验;关于综合实验室建设和跨学科课程建设的相关文献;深入、规范开展教研活动的相关工具等。这些教研资源是教研活动能够深入开展并取得丰硕成果的重要保障。

教研资源属性表,如表 5-23 所示。

表 5-23　教研资源属性表

资源类型	☑ 纸质材料　☑ 电子文本　☑ 视频　☑ 网页 ☐ 其他：＿＿＿＿＿＿＿
资源内容	☑ 教学设计(教案、教学反思等) ☑ 研究性材料(报告、论文等) ☐ 会议安排(议程等) ☑ 工具表(活动策划预告单、活动展示观察单、活动总结反馈单) ☐ 其他：＿＿＿＿＿＿＿
资源获取	☑ 活动前下发　☑ 活动现场下发　☐ 其他：＿＿＿＿＿＿＿
资源功能	☑ 有助于参与者提前了解活动内容 ☑ 有助于参与者深度参与活动过程 ☑ 有助于参与者后续进行学习 ☑ 有助于活动的档案留存和管理 ☐ 其他：＿＿＿＿＿＿＿
其他说明	您认为支持教研活动开展必要的教研资源还有： <u>开展跨领域课程开发与实施的相关实验器材和用品。</u> 您认为提升教研活动品质的教研资源还有： <u>高校在综合实验室建设方面的经验和成果,境外学校在跨学科、跨领域课程建设和实施方面的典型案例。</u>

(五) 教研活动

1. 活动方式

(1) 学习交流

以××中学为研究基地,通过与参与"综合实验室建设"项目的兄弟学校的交流,学习他们在实验室硬件、软件环境建设中的经验,借鉴他们在配套课程开发中好的思路和做法。

(2) 环境建设

完成××中学综合实验室的环境建设,从管路、桌椅、橱柜、仪器设备、信息化等方面进行整体规划与建设,为探究活动的开展提供灵活自由、功能强大的空间。

（3）课程开发

寻找适合××中学校情的课程主题，联合物理、化学两个教研组，以"探秘电池"为案例，全员参与开发。区教研员和市教研员进行及时指导。

（4）实验研究

对于创新课程中的实验，教师首先进行探索，充分发挥 DIS 系统等现代实验手段在课程中的作用。在教师研究的基础上，将相关实验作为课程的重要内容和活动形式。

（5）教学实践

重点聚焦"用自制电池点亮灯珠"一课，开展融合课程的课堂教学实践研究；通过教学实践解决教研与师资、活动与讲授、课内与课外、基础与拓展、学科与综合等各方面的问题。

（6）反思调整

在研究和实践的过程中，不断反思实验室建设和课程开发与实施中存在的问题，使两者更好整合，成为互相依赖、互相促进的两个要素。

（7）教学展示

以公开课、微报告、专家点评的形式展示研究的过程和成果，起到宣传和辐射的作用，带动面上学校、教师对相关问题进行思考和探索。

基层学校主要依靠自身力量开展相关研究活动，解决自己在环境建设、课程开发和实施、师资队伍建设中的具体问题。市、区两级教研力量及时参与，指导相关研究和实践，把握方向，指导教师。在开发成功案例的基础上提炼案例形成背后的经验、方法和路径，为后续研究的进一步开展、案例的批量化开发或成果经验的推广奠定基础。在活动过程中打造一支刻苦钻研、团结协作、勇于实践的跨学科教师队伍，尤其是给青年教师提供发挥特长的机会。

2. 基本流程

活动的基本流程如图 5-3 所示，通过"反思调整""环境建设""课程开发"的多次循环，教研不断走向深入。

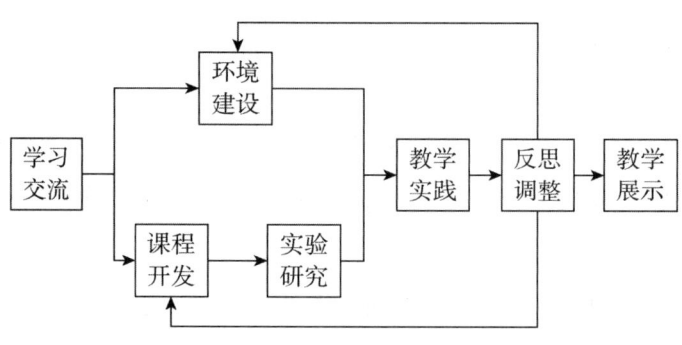

图 5-3 活动基本流程

3. 重要环节

(1) 综合实验室建设环节

实验室主体设备采用吊装系统,配备有中学实验必需的设备和仪器,具有学科适应度广、安全性好、智能先进、操作轻松、灵活可变的特点。实验室配置整合了中学多个学科的实验教学需求,在天花板上集成了实验所需要的水、电、气等要素,增加了地面桌椅的灵活性,方便学生在实验室里进行课程的学习和实践。××中学综合实验室完成了实验区、讨论区、制作区和展示区四个功能区块的建设,丰富、拓展了实验室的功能。再加上智慧大脑、未来之门、分享之窗的建设,让学生一踏入实验室,就能感受到扑面而来的未来感和科技感,从而获得浓浓的学科体验。实验室的信息化建设重视教师与学生之间信息的获取、存储和交流,形成了一个功能完备、信息化强的实验室信息系统。

(2) 课程开发环节

"探秘电池"是一门以"电池"为研究对象的理科融合课程,在课程定位上将三类课程联系在一起,需要学生学习并运用物理、化学、生命科学的知识,通过多种形式的活动进行探索和研究。"探秘电池"在课程顺序上遵循"电"的发现及研究过程,结合实验室的环境支持,让学生在探究中不断完善解决问题的方法,发展创新实践能力,提升科学综合素养。研究团队将传统实验与数字化实验进行整合,对原有的实验进行重新设计、改良和完善,积极发挥各个功能区的作用,力求让学生在探究过程中获得更有力的环境支持和更好的学习体验。课程由8节内容(图5-4)、16课时组成。

图5-4 "探秘电池"课程内容

（3）教学实践环节

在"用自制电池点亮灯珠"一课的实践中，研究团队的老师们在一次次跨物理、化学、生物、信息科技等学科的综合教研活动中，不断互相学习，突破一个个实验难点，攻克一个个信息技术难关，逐步修正教学思路，改进教学方案，这才使得这节课慢慢地艰难成形。教学把真实问题解决放在首位，不再追求学科知识呈现的完整性。教师期望学生收获的不只是知识，更多的还有思考力、创造力、学习能力等方面的综合提高。同时，教师整合信息技术的能力也得到了提升，比如利用DIS、网络摄像头，特别是使用在线协作文档工具，可以实现多人即时同时地编辑文档，这样既方便各组随时上传自己的数据，用以交流展示，也方便教师调用处理，同时还能让老师随时看到别组的实验进展和数据。为了让活动进行得更充分，教师升级了实验装置，让学生不再把宝贵的时间浪费在繁琐的接线、插片、定位等事情上，与第一代、第二代的实验盒相比节省了很多时间。

（4）展示环节

展示环节由现场展示课、综合实验室现场互动、主题报告、专家点评组成。××中学青年教师展示了一堂以"用自制电池点亮灯珠"为主题的现场课。整堂课从问题的提出、分析、探究、交流，到最终的优化解决，始终以学生为主体开展研究性学习，充分展示了融合课程在综合实验室的环境支持下,学生学习方式发生的积极变化。在现场互动环节,××中学项目组向与会教师展示了该校综合实验室的配套设备和信息系统,以"'用自制电池点亮灯珠'背后的故事"为题,分享了课程开发的历程和公开展示前准备的故事,希望这节展示课能让学生通过经历"失败—寻因—改进—再试"的探究性学习,最终获得成功的学习体验。主题报告"营造探究环境　推进课程整合"从融合课程开发对环境支持的需求谈起,介绍了××中学在综合实验室建设及配套课程开发中的设计思路和具体实施。

教研活动属性表,如表 5-24 所示。

表 5-24　教研活动属性表

活动主题	营造探究环境　推进课程整合			
参与群体	☐ 备课组　　☐ 教研组　　☐ 跨学科组 ☐ 跨校教研　☐ 跨区教研　☑ 市级教研 ☐ 其他:_____			
活动规模	○ 20 人以下　　○ 21~50 人　　○ 51~100 人 ⊘ 100 人以上　　○ 其他:_____			
活动形式	☐ 备课活动　　　☐ 课例研修(听评课) ☐ 讲座与报告　　☐ 日常研讨 ☑ 展示活动　　　☐ 其他:_____			
活动流程	序号	环节与内容	预设时间	负责人
	1	公开课展示:探秘电池	60 分钟	张老师
	2	互动体验:综合实验室互动体验	15 分钟	余老师
	3	主题研讨: "探秘电池"教学背后的故事 环境支持下的融合课程开发 学校综合实验室的建设研究 综合实验室配套课程思考与实践	45 分钟	杨老师 朱老师 徐老师 汤老师
活动的 主要任务	1. 展示综合实验室环境中的课堂教学探索与实践。 2. 介绍综合实验室的功能和建设、研究过程。 3. 传播学校在综合实验室环境支持下的课程开发经验。			

(续表)

活动资料	☑ 教学设计　☐ 研究资料　☐ 研讨材料 ☐ 会议纪要　☑ 活动方案　☐ 其他：_____
其他说明	关于"教研活动",还需要补充的是:<u>本次活动是一次面向全国的线上线下相结合的展示活动。</u>

(六) 实践评估

1. 教研成果

通过本主题教研,××中学成功建设了综合实验室的环境,并开发出来典型的配套跨学科课程,探索了跨学科课程的实施路径,促进了学生实践能力和创新意识的培养。

从教师教的角度来看,教学形式更为多样,教学过程更加灵活,综合实验室在功能区自由切换、满足个性化学习进度、适应多样化学习水平、引导明确、有效分工合作、基于信息化获取与处理数据等方面为教学提供了有力的支持,也使过程性评价的实施更为便捷。

从教研的角度来看,团队的作用更加凸显,跨学科的任务使团队的分工与合作成为必然。教师的教研活动从教学层面提升到了课程层面,从重教法到教法与实践并重,从单学科走向跨学科甚至跨领域。教师也对跨学科课程的授课模式进行了探索,形成了"学科分工,多师授课""一师授课,多师指导""培养教师,一师授课"等多种教学实施路径。

2. 继续推进的思考

在一个学校建立多个综合实验室对课程教学产生的作用,以及多个综合实验室的配套用房、外部学习环境的整体规划,都需要进一步实践研究。

本次活动开发的课程主要以物理、化学学科的融合为主。"探秘电池"这一课程还可进一步开发其中的生命科学、劳动技术等学科元素,实现多学科的自然融合,更好体现 STEM 的理念。同时,学校还可以进一步开发更多新环境支持下的短周期、跨学科的实践性课程。

3. 教研反思

团队的组成还可以进一步优化,吸引更多学科的教师参与到研究团队中,为增加课程的学科跨度甚至实现课程的跨领域提供人力保障。在教研过程中,教研评估工具的开发和使用还需要进一步加强。

实践评估属性表,如表5-25所示。

表5-25 实践评估属性表

要素覆盖	☑ 主题　☑ 内容　☑ 过程　☑ 方法　☑ 参与
观察设计	☐ 评估观察点典型　☑ 评估观察点数量合理 ☑ 评估观察点可操作性强
证据意识	☑ 基于实证开展评估 ○ 部分基于实证开展评估 ○ 未基于实证开展评估
工具支持	○ 评估过程有系统的工具支持 ☑ 评估过程有一定的工具支持 ○ 评估过程没有工具支持
结果关注	☑ 问题解决质量　☑ 团队发展程度
一个亮点	主要涉及的要素:☐ 主题　☐ 内容　☐ 活动 　　　　　　　☑ 参与　☐ 反思 简述:团队成员深度参与,积极主动,通过高效的合作解决跨学科的问题。
一个提升点	主要涉及的要素:☐ 主题　☐ 内容　☑ 活动 　　　　　　　☐ 参与　☐ 反思 简述:活动的形式还可以进一步丰富,活动过程中的阶段性总结还可以进一步加强。

二、案例列举:"二次课堂教学实践"系列教研活动

上海市化学青年教师研修班(简称"青年班")自20世纪90年代初至2017年,已经举办了九期。青年班开展活动的主要形式有专题讲座、公开课展示、课堂教学评议、课题研究,旨在提升化学青年教师的课堂教学能力和教学研究能力。

（一）传统的一次课堂教学实践模式

让每一位青年班学员都经历课堂教学实践的公开展示是青年班办班的优良传统，这一机制促进了青年教师对课堂教学基本功的重视，也使每一位学员都有亮相的机会。课堂教学实践后，学员们相互评课，以发现问题和改进问题为重点，为教学反思和教学改进奠定基础。但在办班的实践过程中，这样的模式也逐渐暴露出以下问题。

从课堂教学实践的过程与结果来看，学员一般只有一次实践的机会，在实践过程中又以学员的"单干"为主，缺少集体的讨论，也没有安排导师进行针对性的指导。尽管课后有充分的说课、评课、研讨，但为时已晚，该次实践的水准已成定局，学员也失去了第二次实践的机会。因此，学员的教学展示达到高水平的很少，大多只略高于平时的教学水平。

从实践和研究的关系上来看，先课堂教学实践后教学研究，容易造成研究和实践在时间上分隔，不利于从教学中发现问题，不利于通过研究突破提升教学实践的质量。学员苦于找不到合适的研究方向，因此教学实践也缺少理论的思考和研究的支撑。

从教师发展的角度来看，学员完成的都是"必修课"，对他们的自身特色发现和形成考虑不够。因此，学员的教学基本功虽然有所提高，但在特色方面的发展明显不足。

青年班要随着时代发展不断进步，就需要在教研反思的基础上从问题入手，寻找突破的方法，使针对青年教师培养的教研不断发展，达到新的"高度"。

（二）二次课堂教学实践

1. 团队组成

青年班全体学员：共 21 名，是活动的主体，也是互相合作的伙伴和竞争的对手，在研讨和实践中不断进步。

教研员团队：由市、区两级教研员组成，主要负责活动的策划、组织，以及对学员的具体指导。

专家团队：上海市教育学会化学教学专业委员会的部分专家，主要以讲座形式培训学员,提升学员专业素养。

2. 活动方式

理论学习:学员根据首次课堂教学实践的反思提出需求,专家或教研员开设专题讲座,以提升学员的课堂教学设计等能力。

教学观摩:组织学员参加全国、全市的大型展示活动或评比活动,观摩优质课堂教学,提升对好课的感悟。

反复研讨:创设多次反复研讨教学设计的机会,让学员经历"设计—研讨—修改"的多次循环。全体学员和指导的教研员全部参与,通过平等对话、研讨,发现问题,以及提出好的建议。

实践调整:在正式集中展示前,每一位学员都有试讲的机会,然后根据试讲情况及时调整教学设计。

教学展示:数位学员在同一天集中在一所学校公开展示,展现二次实践水平。

实证研究:通过课堂观察、教学录像、问卷调查等形式,搜集课堂教学实证,为教学研究和教学反思提供依据。

教学反思:在集中展示和实证研究的基础上,每位学员都对二次实践的成效进行反思,提出改进建议。

3. 基本流程

在图5-5中,根据学员教学设计的质量,分头备课和集体磨课环节会进行多次循环,直至教学设计的水平达到较高的水准。

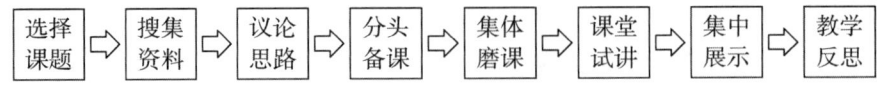

图5-5 二次实践的基本流程

通过二次实践的基本流程,希望学员能够:①在教学设计和教学实施中大胆创新;②充分挖掘学科内涵,体现育人价值;③从整体到细节全面做好教学设计工作;④形成上好课的基本规范和流程。

4. 活动过程

(1) 自主选题

将学员分为初中和高中两组,两组学员讨论后各自确立一个教学主题。

选题必须遵循以下原则:由于新课教学是课堂教学的主阵地,选择的内容必须是教材上的新课内容;尽可能选择平时常见、又不太容易上好的教学内容;为避免教学产生功利化或应试化的倾向,研究课中尽量避免出现习题训练;内容要和集中展示的教学进度基本匹配。

最终,确定初中组的课题为"物质的量",高中组的为"原电池"。

(2) 资源共享

学员分头搜集资料,包括他人已经实践过的教法、实验素材、媒体资源、化学史料等,并提出这些资料的运用设想。在"议论思路"环节,大家集体共享这些资料,在丰富素材的基础上思考、讨论课堂教学的设计,形成课堂教学设计的思路,判断素材的取舍。

(3) 精备精磨

在达成一定共识的基础上分头备课,不刻意追求同构或异构,关键是要体现创新和优质。教学设计先通过网络进行共享、交流。然后,进行集中现场磨课,将各人教学设计中的创新点和亮点进一步提升,并思考能否集好的设计于一堂课中,同时凸显知识线索、方法线索和情感线索。

这样的研讨活动一般只进行一次是达不到预期水准的,需要学员不断明确努力的方向,寻求新的教学素材,优化设计线索,在导师的指导下经过多次类似的循环,才能形成兼顾全局和细节的教学设计。好的教学设计可以有一个或多个版本。

(4) 实践检验

从促进学员自主参与教研活动的角度出发,开课由学员自主申请,根据申请学员的教学设计风格和质量,每组选择3～4位学员作为开课教师,其他学员平均分配给上课学员参与策划,提供帮助,大家共同为上好课努力。每位上课的教师吸收大家的经验,结合自身的特长,形成自己的教学设计,然后进行试讲、调整,最后进行集中展示。

集中展示既能看出各位教师的教学效果,也能看出每个人在教学设计和教学实施中的教学特色发挥。

(5) 同步研究

根据学员的授课内容和教学设计专门设计调查问卷,让学生在中午休息时间用15分钟完成。调查问卷(详见附件)的内容与教学设计、教学行为相关,通过学生的反馈数据反映教学成果或发现教学中的问题,作为教学反思的重要依据。

在"物质的量"的调查问卷中,每个问题都有其背后的调查指向:问题1、2与教学中概念的形成过程有关;问题3指向教学后学生对"物质的量"的接受程度;问题4—7旨在了解学生对相关知识的掌握程度;问题8指向教师是否以让学生理解而不是死记硬背的方式开展教学;问题9指向学生能否形成知识网络。

同步研究是引导本教研走向深度的重要保障。

(6) 全程指导

无论是集中研讨还是分散准备,由市、区教研员组成的导师队伍始终给学员提供及时的指导,除了引领学员大胆创新,当学员"无计可施"时,还给学员提供具体的建议。

以上的过程设计既体现了本教研的"广度",同时也体现了对"参与度"的要求。而本教研活动"高度"的达成需要所有团队成员的情感参与、紧密合作和共同努力。

5. 重点突破

(1) 深入挖掘化学学科内涵

要做好教学设计,首先需充分体现教学内容的学科内涵,并转化为教学实施的三维目标。学员在这方面往往有角度的障碍,不容易把内容挖深挖透,不利于提高课堂教学效益。经过导师的指导,最终确定"物质的量"一课的定位是,帮助学生理解物质的量这一抽象概念的意义及概念形成背后的思想方法；"原电池"一课重在体现"宏观辨识和微观探析"的核心素养要求。

（2）在教学设计中大胆创新

在开始首次课堂教学实践和二次实践的初始阶段，很多学员仅是在下载的教案上略作修改，就认为形成了自己的教学设计。于是，创新成为对教学设计要求的硬指标，鼓励学员用新的理念、新的线索、新的素材形成全新的设计。创新需要激发学员的积极性，也需要学员通过研讨过程迸发灵感。

（3）在实践过程中开展实证研究

通过对教学实践过程和调查问卷结果的比对，可以发现一些原来不易发现的问题。例如，在一堂"物质的量"的展示课中，教师设计了一个教学环节，让学生根据已知的一个碳原子的质量和摩尔概念中 12 g 碳原子的规定，计算 1 mol 中含有多少个碳原子。其本意是让学生通过计算和体验，形成对阿伏伽德罗常数的认识。但是课后的调查问卷统计结果显示，对于第一题，该班级 39 位学生中有 18 位选了 B（认为"6.02×10^{23}"这一数值是无须经过实验，纯理论计算可得），而另两个班级总共只有 1 个学生选 B。显然，这一教学环节让学生形成了误概念。

由于有实证的数据支持，说服力强，青年教师更容易接受批评的意见，也对教学改进有更深入的认识。同时，这样的实证研究过程本身也是对学员进行紧密联系实践的教学研究的示范，可以同步提升学员的教学研究能力。

6. 成效与反思

通过本次教研活动，参与二次课堂教学实践的青年班学员，课堂教学水平都比原来有了显著进步，所有学员都有顿悟的感觉，知道了如何才能形成一堂好课，如何从整体到局部进行教学的设计和实施。尽管没有强求同课异构，且课前的研讨中大家也形成了很多统一的意见，但是三位上课教师教学设计中的教学逻辑、素材运用等都不相同，展示了她们对于该课的不同理解。在教学过程中，她们也充分展现了自己的教学特色。这些课中有些已具有冲击市级乃至全国教学评比高奖项的水平。

本主题的教研活动还将在高中的学员中继续进行,对不同学段、不同类型的教学内容进行探索,试图总结出更多的经验和规律,为后续的办班和教研服务。

二次课堂教学实践的模式可以考虑进一步推广,在区教研层面、学校教研组层面,都可以采取类似的模式来提升教师的教学能力。此外,还可以进一步研究该模式对哪些教师更有效,活动的组织形式如何优化等问题。

本次活动受时间的限制,并不是每一位学员都有参与二次展示的机会,如何兼顾质量和覆盖面,是后期需要进一步研究和突破的问题。

本次活动的成效得益于导师的深度参与,尤其是对于教学设计的把关,很多创新离不开导师的指点。如何创设机制,以减少导师的参与和具体指点,让学员更加独立地创新,这有待通过新一轮的深度教研来解决。

第三节 中学信息科技学科深度教研

一、专题研究:深度教研评估框架设计

近年来,促进学生"深度学习"成为教育界的重要研究内容。而在教研领域,"深度教研"的提出为教研质量的提升指明了方向。"深度教研"与"深度学习"有诸多相似之处,比如设置挑战性任务,重视深度加工,强调体验与参与,重视问题解决等,因此"深度教研"也被认为是教师在教研过程中的"深度学习"。

当然,"深度学习"与"深度教研"在目标、主体、过程等方面也存在差异,比如:①"深度学习"的主体是学生,它是培养学生核心素养的基本途径,而"深度教研"的主体是专业研究共同体,它是为了更好地提升教研品质;②"深度学习"的内容是人类已有认识成果,而"深度教研"的研究内容来自教育教学中遇到的真实问题;③"深度学习"要促进学生掌握学科核心知识,把握学科的本质及思想方法,而"深度教研"要促进教师提升专业能力,形成有实践价值的教研成果。

为推动学科教研活动稳步走向深度教研,中学信息科技学科的教研人员和教师对深度教研模型的实践应用积极展开研究,深入研究评估框架。

(一) 研究设计

1. 研究假设

深度教研源于长期的教研实践,其基本假设是:在教研活动团队与资源确定的情况下,对于教研活动质量的评估注重高度、广度和参与度这"三度"。其中,"高度"主要反映教研活动的主题、目标等,重在引领方向,定向实践;"广度"主要反映教研活动的内容、过程等,重在强化基础,定位实处;"参与度"主要反映教研活动的研讨进展与工具使用情况,以及教师参与活动的表现与表达等,重在凸显主体作用,定性实效。

教研实践进一步表明,"三度"之间是相互关联、相互作用的,各度的表现都会对教研活动的效果产生明显影响。此外,"角色与互动"是有效实施教研活动的关键所在,而角色有为、互动有格和转换有序等主要显示在活动过程中,因此要特别关注"广度"对于"高度"和"参与度"的作用,并在质量评估中反映出来。

2. 评估框架设计(1.0 版)

关于深度教研的探讨,一项基础性工作就是根据研究假设,构建科学合理的评估框架。在研究教研深度的影响因素和已有实践经验的基础上,从高度、广度和参与度等三个维度着眼,提出了深度教研评估的指标体系,并形成了评估框架1.0版。这个框架确定了8个指标、26个观察点,每个观察点采用李克特五级量表进行判断。

对评估框架1.0版进行第一次问卷调查后,基于数据分析,对一些指标及框架又进行了一次整体调整。例如：删除了"高度"维度中"问题确定方式合理""主题易于理解"这两个指标；在"广度"维度中，原设定的"内容呼应主题""活动特色鲜明""活动时间恰当""活动内容完整"这四个观察指标，达不到显著性影响，因此予以删除；在"参与度"维度中，"成果促进进一步教学实践""成果易转化为教学实践"这两项观察指标有较高的相关性，因此进行了调整。评估框架1.0版经过调整优化后，保留18个观察点，成为深度教研评估框架2.0版。

3. 评估框架调整(2.0版)

在2.0版中，针对"三度"设定的18个观察点分别对应8个指标。对全新设计的深度教研评估框架2.0版进行了问卷调查，被调查对象是本学科教研员和教研组长，采用网络问卷形式收集数据，共计收到有效问卷112份。

被调查对象对问卷中的每个问题进行评分，按单选"非常同意""同意""说不清""不同意""非常不同意"等五项之一，依序相应确定赋分为5、4、3、2、1。对于数据的描述性统计分析如下：有18个观察点的均值在4.4643与4.8304之间，标准差在0.44193与0.61408之间；有15个观察点的偏度和峰度的绝对值小于2和7，C_1、C_2和C_8的偏度和峰度均为稍有偏差；其他指标基本符合正态分布要求，因此未进行转换处理。

使用SPSS 23软件分析问卷信度，选择用克龙巴赫（Cronbach's alpha）系数作为信度的指标，用α表示。当$\alpha \geqslant 0.7$时，表示量表的信度可以接受。研究结果表明，"广度"量表的信度为"可以接受"（$\alpha=0.712$），"参与度"的内在一致性也基本符合要求（$\alpha=0.697$），但"高度"的内在一致性不够（$\alpha=0.606$）。关于评估框架2.0版的可靠性分析，参见表5-26。通过对数据相关性的分析，删除了"C_5（主题之间有结构）"，即将"高度"调整为4个观察点，此时"高度"的α值为0.665，虽然仍低于0.7，但由于α值与观察点数量相关，因此在观察点少至4个的情况下，"高度"可认为基本符合要求，但未来仍有研究空间。

表 5–26　教研深度评估框架 2.0 版可靠性统计

	克龙巴赫系数	基于标准化项的克龙巴赫系数	项数
高度	0.665	0.664	4
广度	0.712	0.715	6
参与度	0.697	0.694	7

4. 评估框架优化(3.0 版)

将评估框架 2.0 版"高度"中关于"C_5（主题之间有结构）"的观察点删除后，形成了深度教研评估框架 3.0 版。在评估框架 3.0 版中，"三度"有 17 个观察点，同样分别对应 8 个指标。具体内容设计，如表 5–27 所示。

表 5–27　教研深度评估框架 3.0 版

维度	观察点	关注点
A_1 高度	C_1 源于真实问题	B_1 问题
	C_2 主题指向关键问题	
	C_3 目标适切可行	B_2 主题
	C_4 主题导向明确	
A_2 广度	C_5 内容重点突出，主次分明	B_3 内容
	C_6 内容有可操作性	
	C_7 环节设计合理	B_4 过程
	C_8 过程聚焦主题	
	C_9 形式多样	B_5 形式
	C_{10} 资源丰富	
A_3 参与度	C_{11} 参与踊跃广泛	B_6 表现
	C_{12} 互动有质疑争鸣	
	C_{13} 使用工具支持研讨	B_7 表达
	C_{14} 观点明确，有依据	
	C_{15} 表达有证据意识	
	C_{16} 提升对教研主题的理解	B_8 评估
	C_{17} 成果易转化为教学实践	

与 2.0 版相比，评估框架 3.0 版只是删除了一个指标，因此对该框架的分析，仍然可以使用第二次调查数据。使用 Mplus7.10 软件对样本数据做验证性因子分析，以对假设进行检验。根据以往研究，选择用卡方值/自由度检验，同时将比较拟合指数（CFI）、近似均方根误差（RMSEA）、标准化均方根残差（SRMR）作为判定模型的拟合度的指标。当 CFI ≥ 0.90、RMSEA ≤ 0.08、SRMR ≤ 0.06 时，模型拟合度达到可接受水平（Heene, Hilbert, Draxler, Ziegler, &Buehner, 2011）。本研究结果表明，CFA（验证性因子分析）模型很好地拟合了数据：卡方值＝147.204，AIC＝2522.897，BIC＝2669.696，CFI ＝0.912，SRMR ＝0.070，RSMEA＝0.049[0.018,0.071]。根据通常的拟合模型指数，该模型的各项拟合指数符合要求，如图 5-6、5-7 所示。

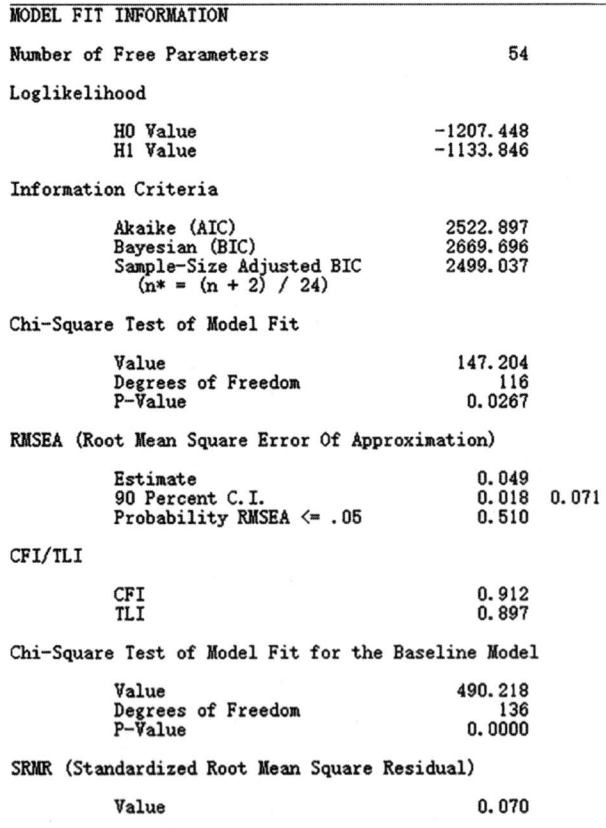

图 5-6 模型的各项拟合指数

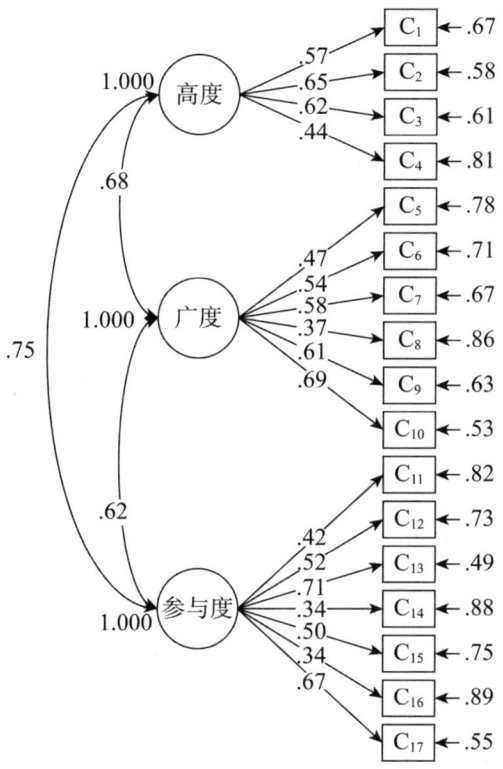

图 5-7 深度教研结构方程模型

进一步分析图 5-6、图 5-7,得到评估框架 3.0 版中的相关系数估计,如表 5-28 所示。由此可知,各观察点的因子载荷基本符合要求,高度、广度和参与度之间存在相关性,相关系数在 0.6~0.75 之间,一方面印证了"三度"之间存在关联的假设,另一方面"高度"与"参与度"之间相关系数偏高,后续仍需调整。

表 5-28 相关系数估计

	高度	广度	参与度
高度	1.000		
广度	0.679	1.000	
参与度	0.750	0.619	1.000

二、案例列举："三度"主题教研活动

中学信息科技学科基于对深度教研评估模型的理解,围绕"三度"主题开展了系列教研活动。

(一) 系列教研活动的内涵

深度教研以系列教研活动的持续开展为基础,但是"活动"二字往往充满歧义,它既可以表示一段时间内的"活动集合",也可以表示某一个"活动"。本文中所说的"系列活动",是指持续一段时间内的"活动"集合,而"活动"则是多次任务的总称,是有前后关系和内在关联的多次任务的组合。

如果用字母"H"表示系列教研活动中的某一个活动,那么系列教研活动中各个活动可记为:$H_1, H_2, \cdots, H_n$。而每一个活动(H)一般由多次具体的任务组成,如果用字母"T"表示活动中的一次任务,则教研活动 H_1 中各个任务可记为 $H_1T_1, H_1T_2, \cdots$。如果某个系列教研活动有 2 个教研活动,每个教研活动各包含 3 次任务,则该系列教研活动的各次任务可以表示为:$H_1T_1, H_1T_2, H_1T_3, H_2T_1, H_2T_2, H_2T_3$。

教研主题的复杂性和问题的挑战性决定了研究过程往往是曲折的,而教研成果的形成常常是漫长的精进过程。"一个活动",常常是一次次的磨稿、备课、说课、现场教学观摩、研讨、公开展示等多种形式任务的总称,它的成果在整个系列活动中具有阶段性意义。

(二) 系列教研活动的案例

基于深度教研的模型,本项"三度"主题系列教研活动的设计和实施过程如下。

1. 高度(A_1)的设计与思考

此"高度"并非指"理论高度",也不是对教师提出"高要求",而是指向教研实践中有"高挑战性"、具备"引领价值"的真实问题。

(1) 高挑战性的问题(B_1)

真实问题不一定都值得研究,也不一定都具有引领学科发展的高度,从真实问题中找到有挑战之处、有研究价值等要素,有助于提升教研

品质(表 5-29)。《普通高中信息技术课程标准(2017 年版)》增加了"大数据与人工智能"的教学要求。根据新课标,分析学科教研面临的真实问题(C_1),发现教研面临三大挑战:一是 87% 的教师缺少"大数据与人工智能"的专业知识储备;二是 92% 的教师没有任何实践基础;三是要在一年内让教师成为领域专家并胜任教学,难度极高。

表 5-29 真实问题属性表

问题的来源	☑ 课程教学实践的需要 ☐ 学校项目与课题研究的需要 ☑ 指向教学中急需解决的问题 ☐ 指向教学中的重难点问题 ☐ 其他:_____
问题的类型	☐ 聚焦学校发展　☑ 聚焦教师专业发展 ☐ 聚焦学生发展　☐ 聚焦与教育相关的其他问题 ☐ 其他:_____
问题确定的方法	☑ 访谈　　☑ 观察(课堂或日常)　☑ 问卷调查 ☑ 政策研究　☐ 其他:_____
问题转化为主题的条件	☑ 指向明确　　☐ 具备研究基础　☐ 具有研究时空 ☐ 具备可操作性　☐ 其他:_____
其他说明	关于"真实问题",还需要补充的是:_____

(2) 有引领性的主题(B_2)

教研主题的确定可以有多个选择,例如内容价值、教学策略、教学资源等。而内容价值的讨论与教学资源的开发都不是当下最为迫切需要解决或者在短时间内能解决的问题,因此将主题确定为"大数据与人工智能的教学策略"(表 5-30)。这一主题简明务实,指向最薄弱的专业短板,指向"教学策略"这一关键问题(C_2),导向"人工智能的本质和教学策略是什么"这一值得深思的内容(C_4)。

在此主题引领下,教师沿着"学技术—懂技术—少部分人会教技术—大家都会教—新手也能教好"这一操作路径,设计系列教研活动,力求各活动目标适切可行(C_3),符合问题解决的教研工作规律,使活动之间有较强的连贯性,体现了主题之间的结构。

表 5-30 教研主题属性表

教研活动主题	大数据与人工智能的教学策略
解释性	☑ 主题导向教学中的关键问题 ☐ 对主题有明确的解释 ☑ 参与活动的教师能理解主题 ☐ 其他：_____
系列化	☑ 根据主题设计了系列活动 ☑ 系列教研活动之间结构清晰 ☐ 该主题与其他教研主题相关 ☐ 其他：_____
匹配度	☑ 教研活动安排匹配活动主题 ☑ 教研活动过程围绕活动主题 ☑ 教研活动成果呼应活动主题 ☐ 其他：_____
其他说明	关于"教研主题",还需要补充的是：_____

2. 广度(A_2)的设计与实施

（1）组建广泛参与的团队

教研团队由三组人员构成,一是上海市"Python 研究小组",由学习能力强、乐于探究的优秀一线教师组成,承担技术研究和教学实践任务,是"先锋队";二是各区教研员,承担组织区级实践的任务,起到承上启下的重要作用,扩大了参与面(C_{11}),是"放大器";三是中心组和专家,起到整体设计和引领的作用,是"探照灯"。三组同步开展研究,Python 研究小组与中心组和专家紧密合作,各区教研同步开展,并行推进,见表 5-31。

表 5-31 教研团队属性表

团队性质	☐ 单学科　☐ 跨学科　☐ 跨领域　☑ 跨学段 ☐ 其他：＿＿＿＿
人员组成	○ 5 人及以下　○ 6～10 人　◉ 11～20 人　○ 21～30 人 ○ 其他：＿＿＿＿
分工形式	☐ 一人领导决策下的分工合作 ☑ 以小组为单位进行分工合作 ☑ 基于活动主题内容的分工合作 ☐ 没有特别明确任务指向的自由分工合作 ☐ 其他：＿＿＿＿
任务责任	☐ 活动策划　☑ 组织研讨　☐ 一般参与者　☑ 担任专家点评 ☑ 上研究课　☑ 担任说课　☑ 完成报告　☑ 其他：＿＿＿＿
其他说明	关于教研团队，还需要补充的是：＿＿＿＿＿＿＿＿＿＿

（2）有广泛性的内容设计（B_3）

教研内容要有一定的广泛性，不能过于狭窄。"广度"，一方面体现在内容的延展性，如"人工智能"既可以从时间线索回望"图灵测试"，也可以延展至最新的各种智能应用；另一方面体现在研究内容的选择性，可从内容和学法角度选择，也可从素养、目标、资源、实验等多个角度选择。系列活动的内容聚焦"技术本质""领悟思想""课堂实践""提炼策略"等主要内容，突出"教学策略"这一重点（C_5），主次分明。

考虑到教师的知识储备是 VB 语言，因此先开展"从 VB 到 Python 的迁移"，然后实践"用 Python 分析大数据"，进而延伸至"大数据与人工智能"，最后进行课堂教学，使每个阶段的教研内容都有可操作性（C_6）。

（3）体现探究性的过程设计（B_4）

从 2018 年 3 月到 2021 年 12 月，围绕教研主题开展的系列教研活动可分为两个阶段。

第一阶段：探究技术原理，打开技术"黑盒"，重点研究"教师如何学技术"。具体活动设计如图 5-8 所示。

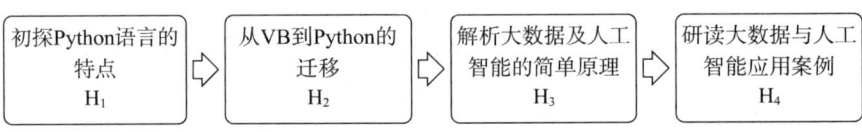

图5-8 第一阶段教研活动

第二阶段:尝试教学设计,开展课堂教学实践,重点探索"学生如何学技术",具体活动设计如图5-9所示。

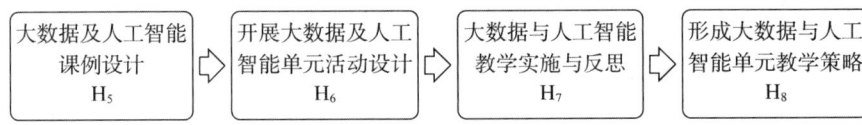

图5-9 第二阶段教研活动

以第二阶段第5次活动(H_5)"大数据及人工智能课例设计"为例,活动中有很多次小的讨论或研讨,为表述方便,不一一列举,而是将小的讨论按内容进行归类,分成三次任务,如图5-10所示。

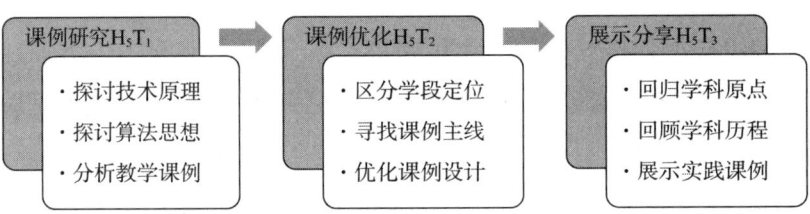

图5-10 大数据及人工智能课例设计活动(H_5)的三次任务

本次活动包括1次课例研究(H_5T_1)、1次课例优化(H_5T_2)和1次展示分享(H_5T_3)共三次任务,从课例研究、课例优化、技术原理、教学设计等方面,不断聚焦主题(C_8),深化对主题的认识。第一次任务的教研活动见表5-32。

表5-32 教研活动属性表(H_5T_1)

活动主题	大数据及人工智能课例设计——课例研究
参与群体	☐ 备课组　☑ 教研组　☐ 跨学科组　☑ 跨校教研 ☐ 跨区教研　☐ 市级教研　☐ 其他

（续表）

活动规模	☑ 20人以下　○ 21～50人　○ 51～100人 ○ 100人以上　○ 其他			
活动形式	□ 备课活动　□ 课例研修（听评课）　□ 讲座与报告 ☑ 日常研讨　□ 展示活动　□ 其他：＿＿＿＿			
活动流程	序号	环节与内容	预设时间	负责人
	1	数据分析与可视化——以热岛效应为例	15分钟	陈老师
	2	数据分析报告与应用——以智慧出行为例	15分钟	费老师
	3	数据采集与存储——以智慧出行为例	15分钟	张老师
	4	巡线原理分析——以智能停车为例	15分钟	周老师
	5	数据分析与可视化——以摩拜单车为例	15分钟	张老师
	6	数据采集与存储——以智慧出行APP汇总为例	15分钟	徐老师
	7	数据分析报告与应用——以隧道车辆通行速度预测为例	15分钟	冯老师
	8	数据分析报告与应用——以儿童身高分析与预测为例	15分钟	顾老师
	9	数据分析关键环节、主要原理与技术研讨	20分钟	周老师、费老师、张老师
活动的 主要任务	1. 探讨技术原理：以数据采集、处理、分析、可视化为研究对象，以生活中常见的智能场景为例，共同探讨大数据处理中的技术要点。 2. 探讨算法思想：以具体课例为载体，解析大数据处理与分析中智能算法的主要思想方法。 3. 分析教学课例：分析每一个课例的设计思路，研讨存在的问题和缺陷，剖析特色与亮点，讨论修改与完善的建议。			
活动资料	□ 教学设计　□ 研究资料　☑ 研讨材料 □ 会议纪要　□ 活动方案　☑ 其他：<u>程序代码、数据包</u>			
其他说明	关于"教研活动"，还需要补充的是： 1. <u>以实例为载体，收集数据并研究技术原理，这是活动的关键。</u> 2. <u>全体成员参与，并在独立研究的基础上交流，这是成效的保障。</u>			

团队选择贴近生活的真实案例,研究人工智能的基本原理,并逐渐聚焦研究重点。此时初中阶段也有一些教师在积极探索人工智能启蒙教学,有必要将这些初中教师也纳入研究团队,但是初中和高中的定位究竟区别在哪里,是教学设计需要明确的问题。

技术研究拓展了研究团队的专业视野,但也有两个明显的缺陷。首先,研究过于零散,需要对案例重新进行分类和组合;其次,如何将有难度的技术原理转化为中学教学内容,避免将高校的学习内容简化后下放到高中阶段,形成"小大学"式的学习内容,在教法方面的实践探索才刚刚起步。因此,对于活动的第二个任务,将重点围绕"如何教"开展(表5-33)。

表5-33 教研活动属性表(H_5T_2)

活动主题	大数据及人工智能课例设计——案例优化			
参与群体	☐ 备课组　☑ 教研组　☐ 跨学科组　☑ 跨校教研 ☐ 跨区教研　☐ 市级教研　☐ 其他:_____			
活动规模	○ 20人以下　⊘ 21～50人　○ 51～100人　○ 100人以上 ○ 其他:_____			
活动形式	☑ 备课活动　☐ 课例研修(听评课)　☐ 讲座与报告 ☐ 日常研讨　☐ 展示活动　☐ 其他:_____			
活动流程	序号	环节与内容	预设时间	负责人
	1	高中学段大数据与人工智能教学案例交流: A. 图像识别(一)——特征法 B. 图像识别(二)——卷积神经网络 C. 数据分析与可视化 D. 机器学习典型算法	40分钟	陈老师、张老师、顾老师、冯老师
	2	高中学段人工智能案例修改意见研讨	30分钟	
	3	初中学段人工智能教学案例交流: A. 儿童机器学习——体验式启蒙教学 B. 图像识别——项目化探究教学 C. 语音识别——模块化教学	30分钟	吴老师、顾老师、朱老师
	4	初中学段人工智能案例修改意见研讨	30分钟	

(续表)

	序号	环节与内容	预设时间	负责人
活动流程	5	课程标准中的大数据与人工智能分析	10分钟	周老师、费老师、张老师
	6	专家指导分析概念的科学性与规范性	20分钟	
	7	教学案例修改意见梳理与汇总	10分钟	
活动的主要任务	1. 区分学段定位:高中学段基于课程标准,在"实践与挑战"过程中"理解基本原理";初中学段参考国内外研究资料,在"探究与迁移"过程中"感悟基本原理"。 2. 寻找课例主线:共同探讨多个教学案例之间的内在联系,梳理内容的递进性。 3. 优化课例设计:从教学案例的创新性、可操作性、示范性、科学性、严谨性五个维度,通过质疑、讨论、追问等,形成对案例修改的意见。			
活动资料	☐ 教学设计　　☐ 研究资料　　☑ 研讨材料 ☐ 会议纪要　　☐ 活动方案　　☑ 其他:<u>程序代码、数据包</u>			
其他说明	关于"教研活动",还需要补充的是: <u>1. 区分初中与高中的定位,是初中教师开启人工智能教学研究的前提。</u> <u>2. 梳理案例之间的内在联系,是案例从"拼盘"走向"结构"的重要方法。</u> <u>3. 后续活动:在案例探究的基础上,仍需探索具体教学案例背后学科思想方法的阐释。</u>			

随着不断优化,加之在课堂进行实践检验,该课例逐渐具备了典型性和可推广性,且围绕当下技术热点,易操作和实施,似乎具备了公开展示的条件。但是此时我们发现,仅有课例的展示只是"就课论课",还缺少对学科核心思想方法的提炼。因此,团队还需要从当下热门的、时髦的新技术中寻找最根本的思想方法,重新审视人工智能的"本质"与"变式",重新思考技术表象与技术原理。为此,增加了与"图灵机"思想相关的研究内容,从原点开始重新探索。回到技术原点,不仅能看到当下的技术,也能看到技术发展的动力之源;不仅能让参与者看到"如何做",也能让参与者明白"为何这样做"。因此,第三个任务以"回归原点、回顾历

程"为重点,展示"如何做"及"为何这样做"。第三次任务的教研活动见表 5-34。

表 5-34 教研活动属性表(H_5T_3)

活动主题	大数据及人工智能课例设计——公开展示			
参与群体	☐ 备课组　　☐ 教研组　　☐ 跨学科组　　☐ 跨校教研 ☐ 跨区教研　　☑ 市级教研　　☐ 其他:_____			
活动规模	○ 20人以下　○ 21~50人　○ 51~100人　⊘ 100人以上 ○ 其他:_____			
活动形式	☐ 备课活动　　☐ 课例研修(听评课)　　☐ 讲座与报告 ☐ 日常研讨　　☑ 展示活动　　☐ 其他:_____			
活动流程	序号	环节与内容	预设时间	负责人
	1	主题报告:学科思想方法与计算思维——从图灵机开始,再谈计算思维和学科思想方法	30 分钟	陈老师、金老师
	2	撒播人工智能的种子——高中大数据与人工智能教学案例展示	30 分钟	陈老师、张老师、顾老师、冯老师、周老师、费老师
	3	在体验中启蒙智趣——初中人工智能教学案例展示	30 分钟	吴老师、顾老师、朱老师、周老师、费老师
	4	课改 30 年——处时之所变,立育人之本	30 分钟	张老师
	5	课改 30 年——高科技高中的思考和实践	15 分钟	王老师
活动的主要任务	1. 回归学科原点:回归"人工智能"最初、最核心的思想,再现图灵机的思想方法,用线索和脉络呈现"人工智能"的"变"与"不变"。 2. 回顾学科历程:回顾课改 30 年的历程,呈现学科的"变"与"不变",体现学科的思想方法,聚焦学科的育人价值。 3. 展示教学实践:通过具体教学案例的展示,提供可模仿、可借鉴的案例与教学资源,促进教师从"想"到"做"。			

（续表）

活动资料	☐ 教学设计　☐ 研究资料　☑ 研讨材料 ☐ 会议纪要　☑ 活动方案　☑ 其他：<u>程序代码、数据包</u>
其他说明	关于"教研活动"，还需要补充的是： 1. 从"现实应用"回到"学科原点"，再走进"现实应用"，体现人工智能技术，如何一脉相承，如何发展创新，以及其中蕴含的智慧，是展示的重点。 2. 教学案例始终围绕"数据"与"计算"，是呈现计算思维培养过程的重要抓手。 3. 后续活动：在单个教学案例研究的基础上，进一步探索完整的单元教学设计。

(4) 灵活多样的教研形式(B_5)

团队成员对研究内容进行讨论与追问，对部分内容进行质疑，对研究价值进行争鸣，突出重点。三次任务的环节设计，反复穿插了话题引领、案例分析、说课演课、提问/追问、案例分析、讨论对话、修改完善等，形式比较灵活多样(C_9)。在资源方面，逐渐形成了 7 个有示范性和引领性的课例资源(C_{10})。

3. 参与度(A_3)的设计与实施

(1) 有学术争鸣特征的表现(B_6)

在技术研究探讨(H_5T_1)时，团队展示自己的技术研究内容，如图像识别、声音识别等，呈现程序代码，展示运行结果，提出遇到的问题和困惑。所有成员对研究内容进行讨论与追问，对部分内容进行质疑，对研究价值进行争鸣(C_{12})，最后形成重点研究课例。

(2) 理性的质疑与表达(B_7)

在修改教学设计(H_5T_2)时，对课例进行重新整合，形成高中和初中 2 个展示框架。高中学段的报告用"体验"贯穿 4 个课例，初中的则用"启蒙"连接 3 个课例，解决成果"拼盘"问题，增强内在逻辑。部分教师承担展示任务，完成教学设计，整合教学资源，编写程序代码以及进行教学实践，团队其他成员共同承担提供建议的任务(C_{11})。每个课例的研讨约

30 分钟,团队充分展开讨论,提出对内容的质疑(C_{12}),提供参考资料作为证据(C_{15}),促进报告人修正错误,完善自己的报告,同时报告人通过回应争议,显示出对内容理解和实践的深度。

在公开展示(H_5T_3)时,现场的互动参与对达成教研目标至关重要。两位 Python 组长用问题穿插 4 个案例,以问题的形式与现场 150 位教师对话,并邀请现场教师代表上台回答问题。最后,由专家分别对初中和高中课例进行点评(C_{11})。在课例展示之后,请现场全体教师完成预先设计好的调查问卷(C_{13})。

(3) 重视实践价值的活动评估(B_8)

分析展示活动中回收到的 149 份问卷数据发现,大部分教师愿意借鉴本次研讨活动中的教学内容、方法和策略,这基本达到了活动的预期目标。关于初中的 3 个课例,10% 的教师已经开始探索,愿意开展教学实践的教师比例约为 70%~80%(C_{17}),只有 6% 的教师认为太难,没办法实践。关于高中的 4 个课例,9% 的教师已经有所了解,60%~70% 的教师表示能够初步理解和接受,并认为可用在自己的教学实践中。

对于"卷积神经网络"的课例,30% 的教师表示,因为是第一次了解,感觉比较难。可见,此次教研的时机还是比较恰当的,使教师对自身专业知识的不足有了清醒的认识,激发了教师学习的内驱力,并为自己未来的研究定出了努力的方向和可行的路径(C_{16})。

从教研深度的角度反思,本次活动立足于实际问题,关注未来发展的需要,形成了有意义的递进局面;活动的主题比较明确,任务清晰;团队分工协作,自主活动,针对实际情况收集资料,充分开展了研讨。在参与度方面,以中心组和 Python 小组为代表的教师作为设计者、实践者、反思者、质疑者,提前参与,合理分工,合作互助,积极研讨;部分教师发言重视证据,在活动中贡献智慧,有较为明显的"自主参与"特征。后续调研发现,大部分参与展示活动的教师对教研主题有较为清晰的认识,其中很多人回到学校开展校本教研活动时,变成学校教研活动的设计者,积极推进该主题的校本教研,有比较明显的"任务参与"的特征。

但是在公开展示（H_5T_3）时，除问卷、专家互动、现场教师代表互动以外，没有提供更多的互动和参与方式，参与深度也不够，需要在后续的活动设计中进行改进。可以设计更有助于全体教师互动的教研工具，例如设计一张答题卡，在7个课例中各设置1个问题，现场参与者以独立或者合作的形式，随着课例的展开，预测问题的答案并写在答题卡上，以提高现场的参与度。

（三）评估框架再优化（4.0版）

如前所述，"高度"与"参与度"的相关系数为0.75，表明深度教研的评估框架仍需要再调整和再优化。在与教研员访谈后，对评估框架再次进行了优化，明确了关注点的具体指向，如表5-35所示。

表5-35 评估框架4.0版

维度	观察点	关注点
A_1 高度	C_1 源于真实问题	B_1 高挑战性的问题
	C_2 主题指向关键问题	
	C_3 目标适切可行	B_2 有引领性的主题
	C_4 主题导向明确	
A_2 广度	C_5 内容重点突出，主次分明	B_3 有广泛性的内容设计
	C_6 内容有可操作性	
	C_7 环节设计合理	B_4 体现探究性的过程设计
	C_8 过程聚焦主题	
	C_9 形式多样	B_5 灵活多样的教研形式
	C_{10} 资源丰富	
A_3 参与度	C_{11} 参与踊跃广泛	B_6 有学术争鸣特征的表现
	C_{12} 互动有质疑争鸣	
	C_{13} 使用工具支持研讨	B_7 理性的质疑与表达
	C_{14} 观点明确，有依据	
	C_{15} 表达有证据意识	
	C_{16} 提升对教研主题的理解	B_8 重视实践价值的活动评估
	C_{17} 成果易转化为教学实践	

(四) 对追求深度的学科系列教研活动的一些思考

追求深度的系列教研活动,在具体实施时总会遇到一些现实问题,如:①教研周期比较长,阶段活动容易偏离预定目标;②系列活动与问题序列不同步,问题解决过程曲折反复,活动之间衔接不畅等;③问题解决往往需要多团队并进,研究成果容易存在"拼盘"问题,内在逻辑性不够,影响成果的质量;④教研活动中教师参与度易受知识背景、研讨氛围、话题共鸣和研讨时间的影响,往往达不到一定的深度。这些现实因素都会影响深度教研的达成,因此除了要满足连贯性和持续性的基本要求以外,深度教研还应关注以下六个方面。

1. 问题的选择要体现一定的挑战性

问题多种多样,借鉴舒尔曼(Judith H. Shulman)对案例问题的分类,设计和实施教研活动时,可将问题分为以下九类,见表5-36。

表5-36 系列教研活动中问题的分类

问题	举例
基础性问题	对于新课标中"人工智能"的教学建议,有什么细化的想法?
普遍性问题	如何在8个课时内,让学生完成"人工智能"从入门到实践的跨越?
诊断性问题	初中学段人工智能单元的定位是"启蒙",何谓"启蒙"?课例在"启蒙"方面存在的缺陷是什么?
挑战性问题	关于"大数据与人工智能"的教学策略与课例,可能会有什么不同观点?支持你的观点的证据是什么?
行动性问题	要开展"人工智能"单元教学设计,操作步骤是什么?
排序性问题	如何简化大数据的处理过程,使之与学生认知水平相匹配?简化的处理过程,第一步是什么?第二步、第三步又分别是什么?
预测性问题	如果"人工智能"单元的教学策略,整体上采用在"线上百度人工智能平台"的实践方式,学生对人工智能的理解可能会有哪些局限?如果采用线下调用程序模块的方式,大部分教师是否会接受这个教学策略?
假设性问题	如果采用"促进学生思维参与"的某个教学策略,例如让学生修改某个智能程序的"主要代码",大部分学生会成功吗?
扩展性问题	如何借鉴高中"人工智能"的教学策略,使之也适合初中教学?

深度教研的问题选择至关重要，可以先从以上九个角度罗列问题，然后在此基础上，回归到课堂教学的基本面进行探讨。要综合考虑问题的复杂性、挑战性、多元性，即这是经得起多角度探讨的问题，是同每位教师相匹配的问题，是拥有实践连接、触发想象力、带来情感交融的问题。如果所选的问题仅限于个别、特殊的情境，或限于细节、技巧的追索，那就会失去问题设计的真正意义和价值。

但问题不是静止或固定的，随着教研不断深化，若有可能，要渐次增加探究的细微度，并随着认识的深化，教师能够更复杂、更敏锐地感悟到有关问题的本质性要素。教研活动应在有挑战性的问题情境中进行教学实践，不断建构新的专业认识；在转换问题思考角度、拓宽问题解决思路的过程中，促使教研不仅在获取和加工信息的思维方式上达到深度水平，而且形成有创造性的积极成果。

2. 过程设计要有探究性

教研活动是团队共同探究的过程，教研要解决的问题往往是现实中较为复杂的问题，既没有现成答案，也缺少可直接复制的经验，且教研成果需要因地制宜、因时而异，这对创造性解决问题的能力提出了较高的要求。

以课堂教学为基础的教学研究，可以澄清一些容易误解的问题，也让教师有机会思考课程改革建议的含义，如在"人工智能典型案例的剖析"中，何为"典型"，如何"剖析"等。要给教师提供机会，使他们理解这些建议在日常教学实践的含义和实施要点。

学科教研的探究过程，也要基于学科本质，例如"人工智能"的本质是什么，"计算思维"中最重要的本质是什么。如果不能基于学科本质开展教研活动，教师往往不会有真正的专业提升，以往很多并非基于学科的本质的教研，仅仅局限于公开课等传统教研的实践，这既难以保存于教师的长期记忆中，也不可能让教师有运用于未知情境中的实践智慧。

3. 教师的参与是关键

深度教研之"深"，在于教师行为、认知与情感的全面参与。教研的主体是教师,是专业共同体,而非偶然的、松散的、临时性的团队。教师总是有一个成长为更好的自己的期待,努力在深度互动中形成学术心志,而学术心志可以认为是教师的学术互动、学术研究动力、实践毅力以及自我效能。深度教研的意义藏在系列活动中,教师积极参与系列活动,促使其学术志向得以实现,理性得以成长,获得积极的情感体验。

教研活动不仅要通过教学场景带入问题,激发教师参与探究的兴趣,更要通过任务驱动、情境体验、案例分析等活动,促进真实互动、交流研讨,促进教师在行为、认知和情感三个维度的整体参与。行为维度主要包括积极的参与,认知维度包括学科本体知识和教学经验,情感维度包括情绪体验、归属感和价值感等。

4. 转化为教学实践是目标

深度教研之"深","深"在将理念转化为实践的规律中。教学过程具有自己的结构、顺序和发展逻辑,而教研也有自身的研究和实践逻辑,因此把理念转化为实践需要一个过程。教研成果也非开出一个"理论处方"或"实践处方",需要有工具、方法作为中介,需要有从问题到主题、从主题到活动、从经验到成果的反复求精过程。系列活动的设计,一方面要把理念"下沉"到课堂,在真实的课堂中实践与检验;另一方面要让实践"上浮",把教师的实践智慧和实践难题及时纳入活动中,这样才能使教研成果具备一定的普适性,从而超越实践经验的偏狭。

教研之"深",也"深"在向课堂的穿透力和影响力,在第2次活动"从VB到Python的迁移"展示以后,不仅直接促进了高中教师的研究,也间接调动了初中教师研究人工智能启蒙教学实验的积极性,拓展了教研内容。同时,各区均将本次教研活动落实到课堂教学,深化了教研实践。

5. 不以个体参与度判断教研深度

深度教研之"深",在于整体参与的深度。深度教研是一个整体,每个参与者因角色、任务、参与方式、个人兴趣等,参与度呈现高低不同的程度。有的教师全程参与所有的活动,有的只是半程参与,或者只参加一次研讨。此外,教师的参与角色在不同的阶段和场合也会发生变化,在某些活动中可能是一般参与者,在有些活动中可能是质疑者,在有的活动中又可能是设计者。因此不应只从个体参与的角度判断整个教研活动的深度,而是从整体设计及实施的角度进行判断。并不是每一个活动、每一次任务需要所有人都深度参与,而是要根据目标,有节奏地组织每一个教研活动,设计每一次任务的参与方式,以多数教师的参与度作为教研活动的参与度水平,这样才符合深度教研提出的本意。

6. 教研推进要体现速度

深度教研之"深",也"深"在解决问题的速度要快。深度教研也是追求速度的教研,团队需要在有限的时间内解决问题,因为教研要解决的问题是有时效性的。如"人工智能"单元的教研活动,如果不能在新教材正式启用之前完成,其现实意义就大打折扣了。

最后还要强调,在深度教研中,"课例"是个非常重要的资源。有人将卢敏玲(中国香港)主持的"课堂学习研究"、顾泠沅团队推行的"磨课研究"和日本"授业研究"称为国际上课例研究的三种主流。深度教研中的"课例",更强调"问题"与"课例"的联系,更强调团队共同设计"课例"的探究过程,以及"课例"的通用、示范、可操作、可借鉴、创新性等特点,课例不仅是教师研究的对象,其本身也是教研的成果。

深度教研既是注重主体参与性的,又是对话性的,也是协同性的教研实践,要从高度、广度和参与度同时进行设计和评估,把这些要素肢解开来分别实施并非良策。它带来的不仅仅是单纯的教师实践知识的增加,更是拥有独特价值的知识结构的变化与凝练,这也是教师的实践智慧的提升。

上述系列教研活动案例,并非是一个完美的深度教研案例,比如在活动参与方式的设计方面还存在不足。但只要不断优化各个环节,长期持续地进行系列教研活动,就能产生有意义的教研成果。

第四节 中学综合研究的深度教研

一、专题研究1：教研活动"参与度"的实践研究

深度教研是指在教研主题引导下，展开系列化、深层次、进阶性的持续研讨，进而卓有成效地解决有关教学问题的实践研究。对教研活动深度水平的刻画，应关注"高度""广度""参与度"三个维度。在这三个维度中，"高度"主要反映教研活动的主题、目标等，"广度"主要反映教研活动的内容、过程等，这两者指向教研活动本身；"参与度"指向活动参与者，主要反映教研活动的研讨进展与工具使用情况，以及教师在参与活动中的表现与表达等。正确认识、积极引导和评价教师有效参与教研活动，是提高深度教研水平的关键问题，也是提升教研活动品质的关键之举。

（一）学理研究中的"参与度"

1. 参与

"参与"有参加和介入之意。从教育学的角度看，"参与"强调教育主体间的平等对话、协商与共同发展，突出主体性、文化性以及共享性等。教育家杜威(John Dewey)、罗杰斯(C. R. Rogers)、苏霍姆林斯基等都非常重视在教育教学过程中学生主体参与教学，如罗杰斯强调学生在教学中的参与不仅仅是一种躯体的积极活动，更是一种情感和情绪的投入。

对学者们有关"参与"的概念进行梳理，可知他们普遍认同的参与是一种行为，参与意味着学生全身心投入教学活动，而教学效果与学生的参与程度高度正相关。也有些学者认为，参与是一种心理活动，是在教学活动中学生理解知识、掌握知识和掌握技能的心理投入情况，也是学生心理的变化情况；或者认为参与是学生行为、认知、情感和态度的有机统一。

2. 参与度

"参与度"的提法主要源于对学生"学习参与度"的研究。20 世纪 30 年代,美国教育家、课程论专家泰勒(Ralph W. Tyler)首先提出了任务时间(time on task)理论,指出学生投入学习的时间越多,学到的知识也就越多。20 世纪 70 年代,佩斯(C. R. Pace)提出努力质量(quality of effort)理论,认为时间只是量的维度,单纯量上的参与不一定能保证好的学习效果,还需要努力质量这一质的维度,和时间这一量的维度形成积极影响。学生在教育活动,如学习、与同伴和教师互动、将所学到的知识应用于实践等中投入的时间和努力越多,则学生从学习或其他方面的体验中收获越多。1984 年,阿斯汀(A. W. Astin)提出学生参与(student involvement)理论,认为学生参与是指学生对学术体验(academic experience)所投入的身体和心理能量的数量。一个高度参与的学生是指在学习、校园活动、学生组织及与师生交流互动中投入时间和精力较多的学生。传统的教育理论将学生定义为知识的被动接收者,而学生参与理论则强调学生在学习过程中的积极参与。

学习参与度理论是努力质量理论和学生参与理论的升华和发展,即关注学生在有益的教育活动上所付出的时间和投入的精力,以及学校所创造的促进学生参与这些教育活动的服务和条件[①],并由此开启了美国学生学习投入调查(National Survey of Student Engagement,简称 NSSE),其调查的五大维度涉及学业挑战度、主动与合作学习、师生互动、丰富的学习体验和校园环境支持度。毋庸置疑,参与度是学生获得学习收获的重要变量,同时也是促进学校发展的重要因素。学习参与度的教育观念强调:教育的主要任务是创设一种鼓励学生参与的教育环境,以促进学生获得更好的学习效果和个人发展。

2004 年,美国著名学者弗雷德里克斯(J. A. Fredricks)提出,学习参

---

① Kuh G D. The National Survey of Student Engagement:Conceptual and Empirical Foundations [J]. New Direction for Institutional Research,2009(141):5-21.

与度包含行为参与(behavioral engagement)、认知参与(cognitive engagement)和情感参与(emotional engagement)等三个维度。其中,行为参与是基本的参与形态,是外显的、可观察的,指在活动参与过程中的具体行为表现。认知参与主要指学习策略的使用,使用不同的学习策略会引起不同层次的思维活动。情感参与主要指情感反应,包括感兴趣、积极、努力或消极、焦虑等,如当学生高度参与到学习中时,表现出积极的情感;当学生不参与学习时,表现出消极的情感;当学生表现出遵守规范时,其可能只是按照要求完成学习任务。[①]

在实际学习过程中,行为参与、认知参与和情感参与这三个维度是紧密交织在一起的,三者所呈现的是"为什么做(情感参与)""做什么(行为参与)""怎么做(认知参与)"这样三种特征。

首先,行为参与是认知参与和情感参与的载体与表征,但表象之举并不能直接指向有效参与。即使学习者表现出积极的行为参与,但其认知和情感的参与也有可能并不多。换一个角度则可以说,如果学习者表现出积极的认知参与和情感参与,其一定表现出积极的行为参与;如果学习者表现出不积极的行为参与,其认知参与和情感参与一定也不高。

其次,认知参与反映出学习者参与活动所使用的学习策略,不同的学习策略所呈现出来的行为参与和情感参与程度也不相同。学界一般定义了三种学习策略,一是浅层次策略,即学生持有量化学习的概念,采用死记硬背、机械学习的方法;二是深层次策略,即学生将学习内容和有意义的情境及已有的知识相结合;三是依赖性策略,即以取得高成绩或奖励为目标,以跟从学习为主,反映的是学习的非独立性特征。根据不同的认知策略,可以推衍出学习者认知参与的水平,以及相应的行为和情感参与的特征。

最后,情感参与是学习者参与的先导动力,在学习过程中会给行为参与和认知参与产生直接或间接的影响。积极情感会激发学生利用所

---

① 胡敏.在线学习中学生参与度模型及应用研究[D].武汉:华中师范大学,2015.

掌握的知识并采取有效策略去完成学习任务,当前学习任务的完成会激发其对下一个学习任务的热情与兴趣。

当学习者从三个维度积极参与到学习中,那么他的参与便是充分有效的。

3."参与度"研究模型①

关于"参与度"的研究模型,主要从多元角度对"参与度"的内涵、特征以及影响因素进行分析,为如何评估和提升"参与度"提供理论支持。

（1）S-TEC学生参与度模型

S-TEC学生参与度模型包含内外两层,内层要素是学生（student）及学生参与的三个维度,外层要素包括教师（teacher）、学习环境（environment）和学习内容（content）。将学生放在内层,强调的是学生在学习过程中的重要性,这与建构主义理论中强调以学生为中心的思想一致,学生参与程度由行为参与、认知参与和情感参与所决定;将教师放在外层的上方,体现出教师在学习过程中的主导作用,既包括对学生的指导,也包括对学习环境的设置,还包括对学习内容的调整。教师和学生是互动关系,这里的互动是从学生的角度出发,包括学生与教师的互动、学生与学习环境的互动、学生与学习内容的互动以及学生与学生的互动。

（2）"三维四度"参与度模型

"三维四度"参与度模型是基于在线学习环境所提出的。"三维"是指学生的行为参与、认知参与和情感参与三个维度,"四度"是指参与频度、参与深度、参与广度和参与体验度。例如,学生进入在线学习后,根据教师设置的一系列学习活动学习相关的内容,此时系统会跟踪并记录下学生在学习过程中产生的相关数据,这些数据可以归纳为参与频度、参与深度、参与广度、参与体验度,也能够反映出学生行为参与、认知参与和情感参与的程度。

就行为参与来说,我们可以关注到参与的频度、广度和深度,如图

---

① 胡敏.在线学习中学生参与度模型及应用研究[D].武汉:华中师范大学,2015.

5-11所示。行为参与频度是指进行各项学习活动的次数,如发帖次数、回帖次数、登录次数等;行为参与广度是指学生参与时间的长短,如平均每次点击的停留时间;行为参与深度是指学生进行与学习有关的某个行为(如浏览课程资源、查看课程成绩、发帖回帖等)的次数多少,是与时间无关的量。

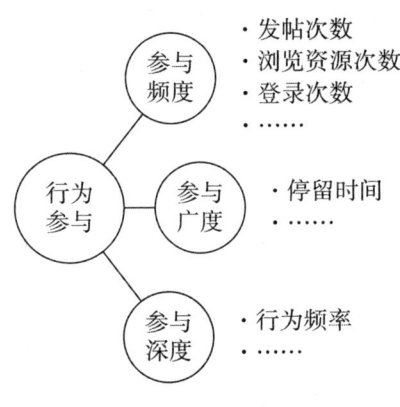

图 5-11　关于行为参与的描述

认知参与是一种"思维训练",涉及学生对学习内容的掌握情况以及在学习过程中的思维活动,着重关注参与的深度与广度,如图 5-12 所示。认知参与深度是指学生参与在线讨论的思维活动,比如浅层次的参与表现为转化别人的观点,深层次的参与表现为发表有意义的评论等。认知参与广度是指学生在线讨论内容时所体现出的对知识点的掌握情况。

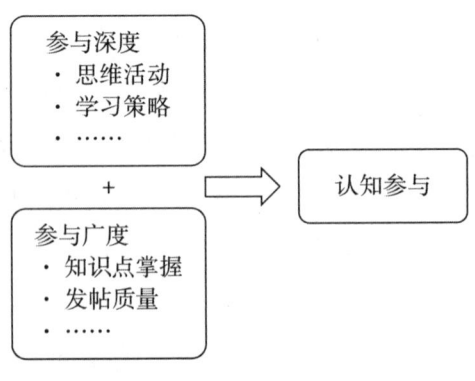

图 5-12　关于认知参与的描述

情感参与是指学生在学习过程中的情感反应,表现为学生在学习过程中的情感体验,如图 5-13 所示。学生在参与完成具体的活动任务时,会表现出不同的情感体验,因此可着重记录参与的体验度,包括对情感体验的指标化设计和量化记录等。

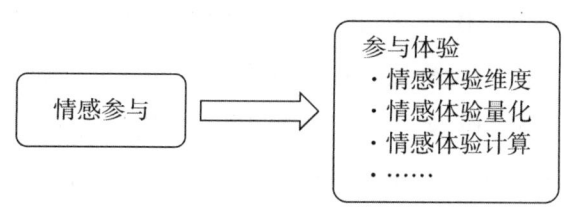

图 5-13 关于情感参与的描述

(3) 网络教研教师参与度模型

图 5-14 是网络教研教师参与度模型示意图,最外层一圈的笑脸代表教师,认知和情感圈代表教师的认知和情感,行为圈代表教师的具体行为,实体圈代表教师的操作对象,最里层是网络教研平台。认知和情

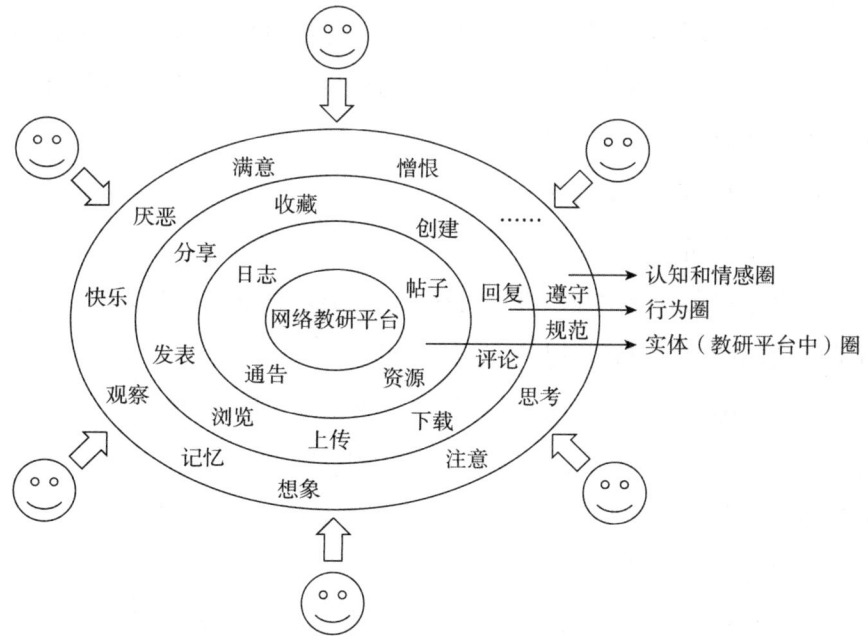

图 5-14 网络教研教师参与度模型示意图

感圈、行为圈、实体圈和网络教研平台这四层是由外向内、层层依附的关系,教师的认知和情感通过行为表现出来,行为的发生需要平台中实体的支撑,即行为的操作对象是通告、资源、日志等实体,通告、资源、日志等又是存在于网络教研平台中。

上述几个参与度模型,对于教研活动中参与度理论的研究有深刻启示。S-TEC学生参与度模型,为我们如何观测和评价教研活动"参与度"提供了分析和研究的框架。"三维四度"参与度模型启示我们,在教研活动中,教研环境、教研内容和活动组织者是影响参与者参与度的重要因素,外在的影响因素需要充分考虑活动参与者的现实需求和状态,应因地制宜地进行配置,只有当参与者与相关影响因素充分互动后,才能激发和提升参与者的参与度。而网络教研教师参与度模型,强调的是在信息技术环境支持下的线上教研活动,网络教研中的"平台"与线下教研活动中的"教研现场"具有同等重要的地位,教研现场的活动内容、活动形式等是参与者能否积极参与活动的关键因素。

对于"参与度模型"的研讨,促使我们更清晰地深入思考:教研活动的"参与度"体现在哪些方面,如何观察和评价活动参与者的"参与度",如何提升活动参与者的"参与度"。

(二) 教研活动"参与度"

1. 现状分析

综合近年来对全国和上海市的教研工作现状的调研分析,关于教师在教研活动中的"参与"情况,主要表现如下。

(1) 教师的主体意识淡薄,参与教研的积极性不高,仅有46%的教师表示"参与教研活动时带着自己的教学问题"。可见,多数教师在参与教研活动时并没有将教研内容与自身的教学实践相关联,自己没有明确的教研目标,只是为教研而教研。

(2) 教师参与教研活动时角色分工不明确,多数教师无意发现问题和提出问题。比如,以听评课为主的教研活动中,上课、说课的教师是预定的,而听课老师会把自己定义为"看客",评课过程中的发言形式化、散点化严重,缺乏深入探讨,实质性的交流对话少,无法实现团队智慧促成长的愿景。

(3) 教师参与教研活动的个性需求不一,各自在教学中所面对的问题和需求多样。常见的情况是,教龄在 5 年以下的年轻教师对教研活动更满意,期望从教研活动中提升自己;教龄在 21 年以上的教师对教研过程满意度较低,他们有自己的教学模式,认为教研活动对自己帮助不大;教龄越短的教师对教研活动的评价越高,认为教研活动对自身的帮助越大。由此可见,忽视教师个体差异和需求所进行的教研如同是"大锅饭",难以调动全体教师的积极性。

(4) 教研活动的整体设计未能给予教师足够的参与时间和机会。比如,活动前参与者对活动不熟悉;活动中参与者少有机会参与研讨、发表意见;活动后参与者未总结和提炼活动经验并转化为自身学习的资源。

(5) 教研活动的组织者、策划者把控着整个教研活动的方向。教研活动总是按既定轨道推进,在开放交流、自由研讨、现场应变和务实调整等方面严重不足。因此有必要建立一定的管理制度和机制来保障教研的有效运行,尤其是活动的主持人(教研组长)要引导全体参与者聚焦主题,有序推进教研活动。

2. "参与度"的特征描述

基于以上分析可知,教师参与教研活动是一种常态,但他们在活动中的"参与度"值得关注。有效参与是教研取得实效、教师学有所获的关键因素,因此有必要聚焦"参与度"的核心概念,结合"参与度"理论构建教师"参与度"观测指标(见表 5-37)。

表 5-37 "参与度"的特征描述

维度	关键词	具体描述
行为参与	参与情况	• 参与时间 • 参与频率 • 参与角色(组织者/主持者/发言者/倾听者)

（续表）

维度	关键词	具体描述
行为参与	语言表达	• 发言的形式（提问、回应、讨论、总结等） • 发言的质量（聚焦主题、借助证据、引起讨论等）
	动作描述	• 在教研活动各个环节中的倾听、记录、探讨、参与评价等 • 使用各类教研工具记录观察证据
认知参与	解释问题	• 对教研主题形成自己的理解和解释 • 主动思考问题的解决方案
	提出质疑	• 围绕教研主题，提出自身教学中的问题 • 对教研活动内容提出疑问
	自我反思	• 对教研活动本身进行反思 • 对自身教学实践进行反思
	应用迁移	• 通过讨论形成问题链进而形成解决问题的路径 • 将教研成果进转化为自身可利用的经验
情感参与	情绪状态	• 对教研氛围的认可 • 对教研过程的感受（感兴趣/好奇/困惑……）
	交互体验	• 教师之间的沟通交流

关于教师在教研活动中的"参与度"的特征描述，包括行为参与、认知参与和情感参与三个维度。

行为参与主要指的是教师在教研活动各环节（尤其是研讨交流环节）中所呈现出来的具体行为，主要通过三个指标来呈现。一是参与情况，包括时间、频率、自己参与活动的角色；二是活动中的发言情况，包括发言的形式和发言的质量，如是否与主题相呼应，是否基于证据发表观点，是否能引发讨论或共鸣等；三是动作描述，包括活动中的一些学习行为，如记录、与同伴探讨（小范围）、使用工具、参与评价等。

认知参与主要指教师在活动中的思考和行动策略，包括对教研活动形成自己的解释，对问题进行讨论或提出质疑，对活动和自身教学实践进行反思，应用教研成果形成解决自身问题的路径和方法等。

情感参与主要指教师在教研活动中的感受度和体验度,包括对活动、团队的认可,教师之间的交流等。

3."参与度"的评估示例

我们依据"参与度"的特征描述来建立"参与度"的测评指标框架,在行为参与维度中,主要关注的是:教研活动中"研讨环节"的时长和要求,能否给教师参与研讨的机会;教师在活动中的参与角色和参与状态;教师自己和其他参与者在研讨中发表意见的情况;教师如何在工具的引导下参与活动,收集证据。相关样题如下。

样题1:以下选项中与本次活动形式最符合的一项是(　　)。

(1) 本次教研活动对参与者没有任务要求,参与者只要在现场观摩

(2) 本次教研活动设计了具体任务,参与者可选择性地参与

(3) 本次教研活动设计了具体任务,要求参与者完成

(4) 其他

样题2:您在教研活动中主动发表自己看法的频率如何?(　　)

(1) 总是　(2) 经常　(3) 一般　(4) 偶尔　(5) 从不

样题3:您在参与教研活动时,通常会(　　)。

(1) 和每一位参与者进行交流

(2) 与大部分在场参与者进行交流

(3) 与小部分在场参与者进行交流

(4) 与其他参与者无交流

(5) 其他

样题4:您在教研活动中一般扮演怎样的角色?(　　)

(1) 学习与倾听者　(2) 积极研讨发言者　(3) 主题报告发言者

(4) 执教者　　　　(5) 专家点评人员　　(6) 其他

样题5:关于本次活动的研讨环节,请结合实际情况作出判断。(　　)

(1) 几乎没有人主动发言

(2) 发言的人较少,发言内容较零散

(3) 发言的人较多,发言内容较宽泛

(4) 多数人能基于证据踊跃发表观点

(5) 其他

在认知参与维度中,主要关注以下三个方面。①教师在参与活动的过程中能否更好地认识教研主题,这种"认识"基于两方面的考虑:一是教师能够理解教研主题指向要解决什么问题;二是教师能够针对主题指向的问题,根据自己的实践经验,思考相应的解决办法。②教师能否通过参与活动形成自己的思考判断,如教师能够去思考在面对同样的主题时,自身在教学实践中有什么相似的教学经历,是否存在类似的问题,是否已经形成了经验,能否用不同的方法去解决问题。③教师能否有效利用活动中形成的教研成果和经验,如教师能通过总结和反思来评价本次活动的质量,能将成果应用于解决自身教学实践的问题。相关样题如下。

样题1:对于本次教研活动主题的选题,您认为(　　)。

选项	非常符合	比较符合	比较不符合	不符合
活动主题与我的教学实践紧密相关				
对于活动主题,我已经有相关的教学实践经验				
对于活动主题,我在教学实践中存在实际的困难和困惑				

样题2:关于本次活动的设计与活动主题的关联度,您认为(　　)。

选项	非常符合	比较符合	比较不符合	不符合
教研活动设计匹配活动主题(参看活动策划预告单)				
教研活动过程与环节围绕活动主题				
教研活动成果呼应活动主题				

样题3:请您结合自己参与教研活动的情况作出判断。(　　)

选项	非常符合	比较符合	比较不符合	不符合
对于本次活动,我有质疑或不赞同的地方				
对于活动中提出的某些问题,我有不同的解决方法				
我会结合本次活动对自身教学实践进行反思				
我会将活动所获得的经验成果转化为自己的教学策略				
活动中我学到了新的教学理念/理论知识				
我会基于今天的学习收获撰写相关的教育科研论文				
我学到了教研活动的组织方法和策略				

在情感参与维度中,主要关注的是:教师在活动中的情绪状态,包括活动参与的体验感、获得感,以及对活动的认可度;教师在活动中与他人的交互情况,如通过沟通、交流、评价、回应等增强自己在活动中的参与感。相关样题如下。

样题1:今天的学习和观摩会对您今后的教学实践带来_____帮助。

(1) 很大的　(2) 一般的　(3) 很少的　(4) 极少的

样题2:关于本次教研活动,请结合您的感受作出判断。(　　)

选项	非常符合	比较符合	比较不符合	不符合
充满期待				
有所收获				
氛围热烈				

（续表）

选项	非常符合	比较符合	比较不符合	不符合
感到焦虑				
感到困惑				
感到枯燥				
毫无感觉				

样题3：关于活动中参与者的交流互动，请结合您的感受作出判断。（ ）

选项	非常符合	比较符合	比较不符合	不符合
能呈现出热烈的互动				
能体现出群体认同				
能感受到互相信任				
充分实现了知识的共享				
能有效获取他人的经验				
能帮助他人解决问题				

4. "参与度"的水平判定

对于"参与度"的问卷测评主要呈现的是教师在教研活动中的参与状态和行为表现等。在此基础上，我们进一步对教师的参与水平进行了研究和分析。研究表明，规范而有深度的教研活动强调充分发挥教研主体的积极性和能动性，重视同伴间的互助和交流合作。通过"主动参与、多向交流、充分互动、深度研讨"等，引发参与者内心深处的思考、共鸣，使其学科素养从过程和结果上都得到明显提升。科学合理地对教师的"参与度"进行水平判定，是促进教研活动走向深度教研的重要环节。

在已有关于深度教研的研究中，参与度被分为五个水平层次（见图

2-3),水平1是"话题引导",水平2是"问题引导",水平3是"工具引导",水平4是"任务参与",水平5是"项目参与"。此外,还将水平1—3定为"引导参与"层级,水平4和5定为"自主参与"层级。在不同的水平层级里,教师在不同"行为指标特征"上有不同的表现,如教研活动开展的目的和条件,教师在活动中的状态表现,教师在研讨交流活动中如何表达观点,教师对于活动的总结和反思等。

为了更直观、更好地对"参与度"进行观测和评价,我们将教师的行为参与、认知参与和情感参与有关特征描述与深度教研的五个水平层次进行了关联分析;在此基础上,将教师参与度分设为三个水平,从低到高依序表述为"一般参与""引导参与"和"自主参与",并进一步完善了教师"参与度"不同层级水平中的行为指标特征,如表5-38所示。

表5-38 "参与度"的水平描述

水平	行为参与	认知参与	情感参与
一般参与	○ 以"旁观者"的身份参与活动 ○ 未积极参与相关研讨活动 ○ 未使用工具对活动进行记录 ○ 基于经验发表观点或意见	○ 理解教研主题 ○ 未能建立教研主题与自身教学实践的关联 ○ 未对活动进行总结	○ 对教研活动效果满意度一般 ○ 未能理解教研工具的用途 ○ 教师之间无沟通和交流
引导参与	○ 以"倾听者""发言者"的身份参与活动 ○ 根据活动要求参与研讨环节 ○ 聚焦问题,围绕主题进行发言 ○ 在工具的引导下对证据进行记录 ○ 基于证据参与讨论,发表观点	○ 对教研主题形成自己的认识和解释 ○ 围绕教研主题,提出自身教学中的问题 ○ 结合教研活动,对自身教学实践进行反思 ○ 依据要求对活动效果进行评估	○ 对教研活动效果比较满意 ○ 对教研工具的应用比较认可 ○ 对教师间的沟通交流比较满意

(续表)

水平	行为参与	认知参与	情感参与
自主参与	○ 以"组织者""主持人"的身份参与活动 ○ 积极主动地组织、设计研讨环节 ○ 依据教研主题调整或研制新的教研工具 ○ 基于证据评价教研活动	○ 对教研活动进行反思,提出完善活动意见与跟进研究设想 ○ 通过讨论形成问题链进而形成解决问题的路径 ○ 将教研成果转化为自身可利用的经验,形成新的教研主题 ○ 系统总结、成果提炼,对后续研究深入思考和提出构想	○ 有意愿组织新的教研活动 ○ 有意愿将活动的内容和形式进行复制和推广 ○ 会积极地设计更加充分的研讨环节

表 5-38 中对于"参与度"三个水平层次的指标描述显示,行为参与、认知参与和情感参与的表现形式依序呈现进阶的发展状况。对"参与度"水平进行评估时,可依据教师在教研活动中不同的行为表现描述其参与程度并评判指标特征,进而判定"参与度"的水平层次。

二、专题研究 2:深度教研工具的应用研究[①]

(一) 从流程规范走向品质提升

1. 教研流程的设计

流程是指一个或一系列、连续有规律的行动,这些行动以确定的方式发生或执行,导致特定结果的实现。近年来,上海教研倡导主题教研活动模式,提出了"策划—设计—实施—反思—分享"的教研流程,延展了活动实施时间和空间,强化了活动前期的策划与设计和活动后期的反思与分享,为学校开展教研活动提供了基本的操作范式。为了给教师搭建行动"支架",我们需要深入研究不同活动阶段的操作要点。例如:在

---

① 专题研究 2 的内容引自赵雪晶发表于《上海课程教学研究》2022 年第 4 期《深度教研工具引领下的教研变革与实践探索》一文,收入时有改动。

活动前期重点关注"问题如何来,主题怎样确定——通过梳理教学实践中的问题,形成系列化的教研主题";在活动实施时重点关注"教研团队围绕主题怎样开展的活动——聚焦主题,教研合作共同体选择教研资源,开展丰富而适切的教研活动";在活动后期重点关注"教研的成果能带给教师怎样的收获——通过对教研活动质量的评估,形成经验,促成反思与改进"。

教研流程的明晰和确立是深度教研工具研发的起点,能够回答工具的用途和价值是什么,何时需要使用工具,工具需解决哪些关键问题等。

2. 教研规准的建立

所谓"规准",就是建立规范、标准,即行为和程序的规范、质量的标准。实际上"规准"是一个合成词,它的核心是目标、程序、标准。在教研活动中,目标是指通过教学研究解决教学实践中真实问题的期望,目标导向下的程序即活动流程,而标准则是在实施过程中,要求达到什么样的水平。

例如在教研活动的策划与设计阶段,通过梳理提炼出教学实践中的真实问题,并由此确立教研主题,形成系列教研活动是十分重要的环节,需围绕着"真实问题""教研主题"来建立研究和实践的规准。对于"真实问题",需要关注问题确立的方法、问题的指向、问题的类型、问题转化为主题的条件和可行性等;对于"教研主题",要明晰主题的可理解性和解释性,关注主题与活动全过程的匹配度,还要围绕主题设计具有关联性的系列活动等。

教研"规准"的建立为深度教研工具的研发提供了思考维度和操作要点,围绕关键要素,明确具体要求,让教师在设计、实施、参与教研活动时能明确自身职责,持续深化对于活动的思考。通过"规准"来规范指导教研活动,可以使指导有明确方向、判断更接近事实、自查有对照标准。

3. 教研工具的研发

教研工具的研制和开发是助力教研活动走向深度的重要环节。教师在教研过程中通过使用工具了解实践需求、深入解析主题、知晓活动任务、积极参与研讨、总结反思与收获,可以充分发挥主体性和能动性,促进系列活动及环节的有效落实,实现深度教研。

研发工具的必要性,具体表现如下。

其一,针对教研活动流程设计教研工具,为校本教研搭桥引路。以"活动前—活动中—活动后"作为关键时间节点,引导教师在不同的阶段关注教研准备、现场观察、活动反思等。

其二,依据教研活动的任务要求设计教研工具,匹配不同的教研场景来帮助教师有效参与专题讲座、成果展示、交流研讨等。引导教师聚焦关键,记录证据,为反思和教学改进提供有效的数据/素材支持。

其三,根据借助教研工具记录下的质性或量化证据来评估教研活动的效果,通过回应"本次未解决的问题和下一次拟解决的问题"来实现主题教研活动持续性、深层次、系列化进阶发展。

工具支持下的教研活动,是从经验走向基于经验与实证相结合的教研活动,也是从流程规范走向内涵深度的教研活动。

(二) 从工具研发走向实践应用

本研究将结合学校应用深度教研工具开展教研活动实践的实际,从提升教研活动的规范性、有效性和参与性三方面来阐释教研工具的实践应用情况。

1. 提升教研活动的规范性

对于一个完整的教研活动来说,活动策划预告单、活动要点记录单和活动总结反馈单分别承载着告知活动内容和要求、记录解决问题的过程和方法、总结活动的成果和经验的功能,如表4-7、表4-17、表4-18所示。这类工具的重点在于关注教研活动各项要求的规范落实,例如:在预告单中需要回答"主题是如何确定的",在记录单中要回答"聚焦主题该如何做",在反馈单中要回答"形成了怎样的教研成果"。

下面以高中政治学科开展的"推进高中双新 立足单元教学 提升教研品质"深度研修活动为例,简要解说"三单"的应用。

分析可知,高中政治学科开展的本场研修活动,主要是立足教材的教学方法策略的探讨,主题的选取来源于基层教师在认识、理解和应用新教材上的问题。针对这些问题,活动安排了解读新教材的专题讲座和应用新教材的教学案例分享两个环节,通过教材编写者的解读和教材应用者的分析来帮助教师学教材和用教材,较好地回应了教研主题,解决了教师教学实践的困惑,是一次设计科学、操作规范、成效显著的深度教研活动。

本次教研活动的"三单"情况摘录如表5-39所示。

表5-39 "三单"的摘录与分析

教研工具	内容要点	填写摘录
活动策划预告单	选题动因	通过教材教法研究和分析,深入理解新教材的编写指导思想和编写意图,把握学科课程标准和学科核心素养的要求,对新教材进行内容结构化、主题化、情境化等多样化运用,促进教、学、考有机衔接。
活动要点记录单	活动环节与过程安排	1. 主题讲座:例谈高中选择性必修3教材的教学方法策略。 2. 对话专家:现场提问,与讲座教师互动。 3. 课例介绍:代表教师分享教学案例。
	本次活动已解决的问题（举例说明）	1. 如何定位选择性必修3的教材?(刘老师从编者的角度出发,结合一线教师教学实际中的困惑,介绍了教师应该如何把握选择性必修3《逻辑与思维》这本教材。) 2. 该教材内容之间的关系。(该教材三个单元的内容是环环相扣的,第一单元是基础,第二单元是中坚工具,第三单元是运用。) 3. 有可参考借鉴学习的课例。
活动总结反馈单	本次活动的亮点	研修活动的内容回应了教研主题。如请专家对选择性必修3整本书的框架和整体逻辑作报告,使教师对整本书知识和相互之间的联系更加清晰;此外,专家通过讲座还梳理了教材、课标和教参之间的关系,对教师后续备课十分有帮助。

2. 提升教研实施过程的有效性

上海市教研工作现状调研数据显示,听课评课、集体备课或专题研讨、听报告讲座等是教师经常参与的教研活动形式,如图5-15所示。而许多学校开展的系列主题教研活动,通常会包括三个主要内容:一是通过专题报告完成对教研主题的理论解析,建立研究共识,获得研究方法;二是通过开展持续性、深层次的课堂教学实践与课例研修/听评课活动解决主题指向的问题;三是总结和提炼理论与研究成果,通过展示和分享推广、辐射教研成果。这样理论与实践相结合、立足于团队智慧凝练和成果经验分享的教研活动是推动学科教学发展、教师专业能力进阶的重要形式。基于此,专题报告记录单、课例研修观察单和活动展示观察单的设计和应用,就是旨在立足于不同的教研活动情境,引导教师更好地记录活动过程中的重要观点、方法策略和成果等,帮助教师将参与活动的所得与自身的教学实践相结合。

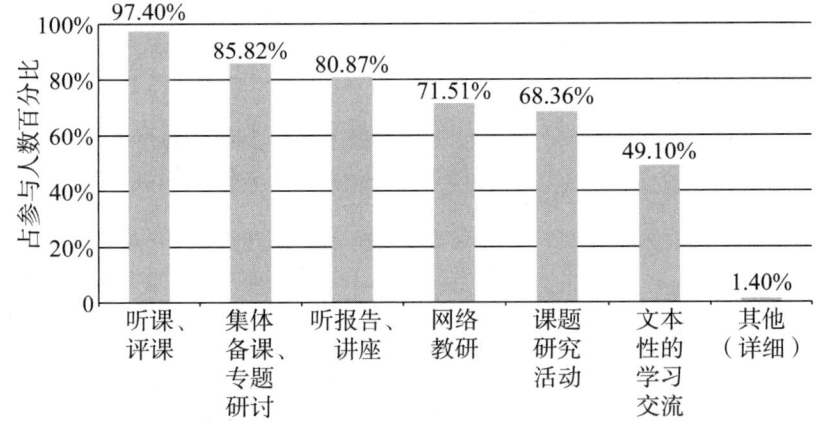

图5-15 教师参与各种教研活动形式的百分比

下面以专题报告记录单为例,分析教师参与活动的情况和收获。

专题报告是指由学科领域的专家就学校教育教学中的某一问题,特别是课堂教学中的问题,基于理论和实践经验,结合教学实例所做的讲座和培训。对于教师来说,一个讲座涵盖的内容广博,如何提纲挈领地有效记录自己所学所得所悟,是一个重要且颇有难度的问题。

基于此，专题报告记录单的设计为教师提供了一个学习分析支架，引导教师总结和提炼活动的亮点，分析自己在学习教学理论、提升课堂教学能力、增强教科研能力和校本研修能力等方面的收获，为进一步将理论习得与教学改进和实践相结合奠定了基础。同时，活动的组织者通过对记录单数据的汇总，也能更好地了解到本次专题报告对于教师专业发展在不同的方面（理论学习、课堂教学、校本研修、科研/课题研究）所起到的帮助和作用。

表 5-40 所展示的是高中数学学科"单元育人价值与核心素养培养"专题报告的一份记录单摘录。

表 5-40 专题报告记录单（摘录）

活动时间	2021 年 11 月 23 日
活动地点	××区教育学院
活动的主题	高中数学单元育人价值与核心素养培养
活动的亮点	通过大量翔实的课例让与会老师了解到学科育人价值的内涵。 概念教学的情景引入对学生今后发展的必要性和意义。 系统介绍了数学项目化学习的内涵、教学设计和评价。
你的收获	☑ 增强学科教学理念/理论： 在落实数学核心素养（数学抽象、逻辑推理、数学建模、直观想象、数学运算、数据分析）过程中凸显学科育人价值。
	☑ 提升课堂教学能力： 专家在提到函数概念教学的时候说到：应该给学生树立一种"研究数学对象"的意识，让学生明白自己学习的其实是"如何对某一个数学对象进行研究"，通过让学生经历现实问题数学化的过程，感受到研究特定数学对象的一般研究路径。
	☑ 提升校本研修能力： 加强教研组和备课组的研究，组织组内教师对"为什么教，教什么，怎么教"等问题进行思考和探讨。比如新教材与老教材顺序相反，到底怎么设计，需要比较研究。

(续表)

你的收获	☑ 提升教育科研能力： 促使我积极参与更多的教科研活动，或指导学生参加科研，对真实或挑战性的驱动性问题进行持续探究。这既是对科研能力的提升，也是对教学能力的提高和学生学科知识学习的促进。

3. 提升教师参与的积极性

校本教研活动不同于学术性的专业研究，其研究对象是教学中亟待解决的具体问题，是教师自己的问题，每一位教师都有资格依据自己的教学实践经验发表观点、提出困惑。但是很多教研活动只是教研员、教师的精心安排，研究课多为部分教师表演的"独角戏"，参与教师缺少亲身感受和体验的空间，也缺乏多向交流信息的渠道。因此"活动研讨记录单"的设计主要从活动的时间安排、任务配置、发言内容等方面对教师参与活动的情况进行分析。

下面以高中英语学科开展的一次"主题意义引领下的单元整体设计"的研讨活动为例，对活动研讨记录单的设计进行探讨。

数据统计显示，参与这次研讨活动的 75 名教师中，75%的教师认为本次研讨活动的设计是"基于活动主题内容的分工合作"；24%的教师认为是"以小组为单位进行分工合作"；94%的教师表示在活动现场参与研讨和交流的教师人数约占三分之二。从个体发言情况来看，发言 1 次的有 28 人，2~3 次的共 37 人，4 次以上的 10 人。从发言时长来看，发言 5 分钟的 33 人，6~10 分钟的 22 人，11~20 分钟的 14 人，21 分钟及以上的 6 人。由此可以看出，在活动现场绝大多数教师都根据自己的教研任务参与讨论，且有较为充分的机会和充裕的时间。

教师参与本次研讨活动的情况如图 5-16、图 5-17、图 5-18 所示。

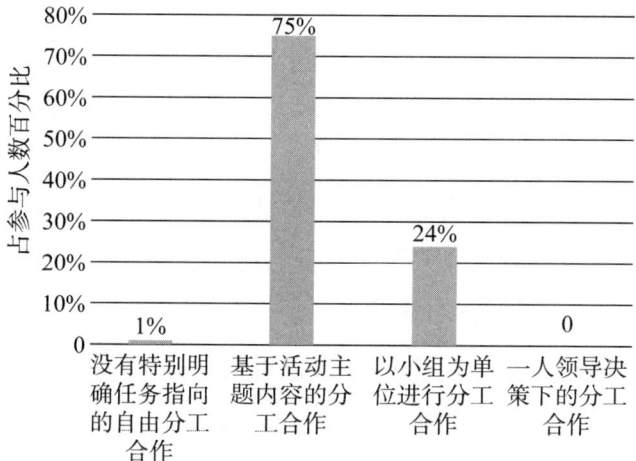

图 5-16 活动研讨形式

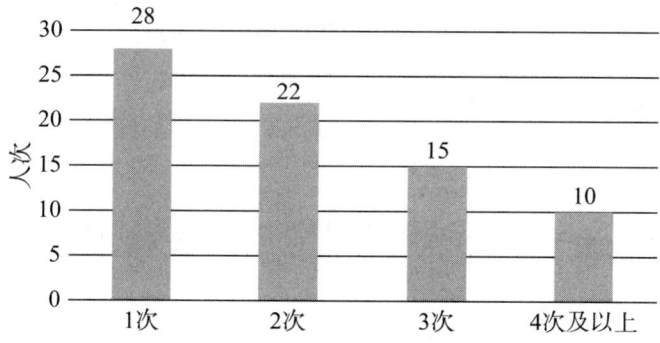

图 5-17 活动中发言的次数

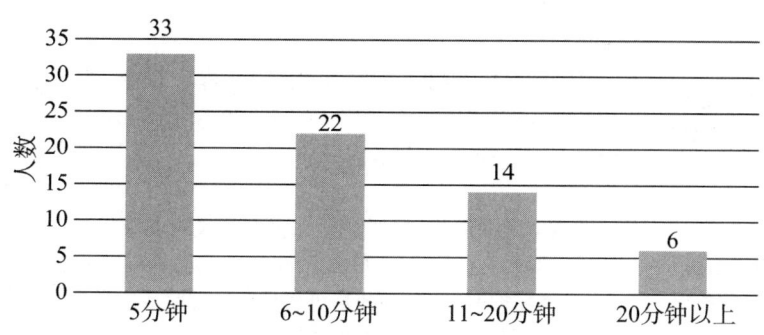

图 5-18 活动中发言的时间

表 5-41 呈现的是某一位教师填写的"活动研讨记录单"摘录。表中有本次活动的基本信息,以及对活动中自己和他人参与情况的客观描述;还有三项对活动内容的描述,包括"自己发言的概述""对精彩发言的记录""研讨后达成的共识"。分析发现,这位老师的发言主要围绕单元视角下的教学设计展开,包括单元目标、单元语境、各课时课型分配和内容等。而她所记录下的精彩发言主要也是关于单元整体设计下具体课型的教学目标、活动内容和特色等。最终在"个人思考"与"他人经验成果"融合的基础上形成了"共识"。可以看出,个体发言是活动任务导向下的个人教学经验和实践智慧的融合,而个体所记录和认可的精彩发言也与自身的思考和研究相关联,能够从他人的经验中获得启迪,服务于自己的教学实践改进。

表 5-41　活动研讨记录单(摘录)

活动日期	2021 年 12 月 15 日
活动地点	上海市教委教研室
研讨的主题/问题	主题意义引领下的单元整体设计——以选择性必修第二册第四单元为例
简述你发言	讨论了在单元视角下选择性必修第三册 Unit 3 空中课堂的整体备课思路,包含单元目标、单元语境、各课时课型分配和内容、单元内部各课时之间的关联等总体内容,并且选择了输入型和输出型两个课型的具体分析。
简述你觉得最精彩的发言	对两个具体课例的分析,包括具体的单元目标、活动内容、活动目的,以及课例特色,用恰当的教学策略将单元目标和课时内容结合起来,体现了单元整体意识。
通过研讨达成的共识	通过本次深度教研,体会到在主题意义引领下的单元整体设计应当以目标为导向。单元设计应当在明确单元目标的基础上,再确定课时目标。同时,进行教学设计时还应考虑清楚为了达成每个课时目标应当使用哪些策略。

(三) 从证据积累走向教研改进

1. 质量评估

从深度教研着眼,对深度教研活动进行质量评估主要是针对活动设计和实施效果进行描述和判定,主要有两种方式。

一是围绕深度教研的基本要素,对主题、内容、活动、参与和反思情况进行基于证据的描述性评价,形成"活动质量评估单"。该单在设计上采用"选择＋评述"的方式,引导教师先就某一个"要素"的实施情况进行判定,然后针对判定的结果进行基于证据的简述。

二是就教研活动的高度、广度和参与度进行评分与举例,形成活动"'三度'评估单"。其中,高度指向活动的主题与目标,考评所关注的是"活动主题明确,由主题转化的任务适切可行,目标达成度好";广度指向活动的内容与过程,考评所关注的是"活动内容完整,重点突出,活动过程流畅且形式多样";参与度指向活动参与者的表现与表达,考评所关注的是"研讨参与面较广,参与者能够聚焦主题,运用工具,基于证据发表观点"。

两种教研活动质量评估单,分别从侧重于数据分析的量化角度、文本积累与分析的质性角度对活动效果进行判定,以期形成系统化、全面的综合评价判断,为有效的结果分析提供数据,为教研活动的改进奠定基础。

2. 结果分析

对教研活动进行评价,其意义在于依据特定的标准和方法对已经完成的或正在进行的教研活动进行检测,找出反映教研活动进程质量或成果水平的资料或数据,利用数据分析总结经验、发现规律、预测趋势,为下一次活动决策服务。而当我们掌握的数据信息越多,数据分析越精准,我们的决策才能更加科学、精确、合理。

以下呈现三份有关教师填写的深度教研活动评估单摘录,其中表5-42和表5-43是活动质量评估单,即为教师就教研活动某一个要素进行的质性评价,具体评价和描述的要素分别是"主题""反思";表5-44

是活动"三度"评估单,即对活动的高度、广度、参与度进行了赋值和评分,并作了相应的实例说明。

表 5-42　活动质量评估单示例 1(摘录)

要素	观察点	
主题	(1) 指向教学实践中的问题:如何通过"阶梯式"学案提高学生的写作能力,促进写作教学 (2) 本主题下第　6　次活动 (3) 活动目标:以高中英语上外版选择性必修第二册 Unit 2 为例进行"阶梯式"写作学案教学实践展示,对前 5 次教研活动进行汇报总结,并研讨课题研究中遇到的问题	☑ 符合实际 ☑ 指向明确 ☑ 有引领性 ☑ 有结构性 ☐ 其他:_____
简述	我选择　主题　要素,简述的关键词是:主题引领　持续　深入　系列化 我认为:本次活动在"基于学生英语写作能力培养的阶梯式学案设计及实施研究"主题引领下展开,是系列教研活动中的第六次活动,将前五次活动的成果融合后进行展示、汇报和总结。这六次活动体现了持续性、深入性、系列化,使教师对"阶梯式"写作学案的实践应用有了基本的了解,研究主题直指教学中学生和老师共有的困惑。活动目标明确、流程清晰,通过确定主题、围绕问题、研究问题、教学实践、反思修改、总结汇报,层层推进教研活动,深入挖掘增强学生英语核心素养、提高学生写作能力的教学策略和方法;同时,以主题教研活动促进教师教学水平和教学质量的提高。本次活动不仅总结分享了之前几次系列教研活动的成果与经验,也对活动中遇到的难题和困惑进行了探讨,为教师今后写作教学实践和专业发展提供了思考、研究的方向,具有引领性。	

表 5-43　活动质量评估单示例 2(摘录)

要素	观察点
反思	☐ 对活动结果有思考　　☐ 对活动结果有深入思考 ☐ 对问题解决过程有思考　☐ 对问题解决过程有深入思考 ☑ 对活动成果应用于教学实践有思考 ☑ 对活动成果应用于教学实践有计划 ☐ 其他:_____

(续表)

要素	观察点
简述	对上述"主题、内容、活动、参与及反思"等要素,请至少选择一个要素进行简单评估。评估时,请先从"观察点"中提炼关键词或自定关键词,然后围绕关键词并基于事实和证据进行简述。 　　我选择<u>反思</u>要素,简述的关键词是<u>对活动成果应用于教学实践有思考、有计划</u> 　　我认为:本次活动在<u>"文言词语积累的教学策略"</u>的主题引领下展开。活动中就关注教学设计、善用教学策略展开研讨。全组教师,在××老师的引领和指导下,在教学活动之后予以反思,思考在"文""言"结合过程中的有效策略和提升空间。开课老师固然要做好课后反思,教研组的其他教师透过这堂课也在反思,大家感受到要精心设计每个教学环节,多实践,常反思,思考学生的具体学情和接受情况,不断予以调整,用活动"刺激"学生,创造调用积累的机会,一步步促进学生成长。

表 5-44　活动"三度"评估单(摘录)

任务	评估指标	评分 (1～6分)	举证说明
请对本场活动进行评分	【高度】 主题与目标	6	教研活动的研修目标是通过对新教材的知识结构与实验的梳理,结合新课标的理念完成新教材的单元教学设计,并对物理实验的实施和教学要点进行进一步细化与延伸,挖掘物理实验的教学价值,提升教师教学能力。
	【广度】 内容与过程 活动内容完整,重点突出,活动过程流畅且形式多样	5	教研活动的研修内容是整理与理解新课标及新教材,完成一个单元的单元设计示例,结合新课标理念完成教学过程中物理实验的梳理,对要点做细化与拓展,形成以文本、视频为呈现形式的具体实验指导材料。 活动内容聚焦且简明,在对教材分析应该做哪些事、区域层面该如何做等研讨过程中,路径明晰,但策略选择有待进一步完善。

（续表）

任务	评估指标	评分（1～6分）	举证说明
请对本场活动进行评分	【参与度】表现与表达	研讨参与面较广，参与者能够聚焦主题，运用工具，基于证据发表观点	5	本小组成员通过分工细化教研任务，明确责任。在独立完成任务后进行汇总，并通过讨论、交流共性问题及专家反馈，对各自待改善之处有更明确的把握。最后的成果呈现也展现了每位成员的参与和表达。但在线上反馈与交流环节，受制于线上环境特征及参与范围较广，无法保证每位成员都充分表达自己的意见与看法，资源利用手段和技术有待进一步提高。

以上三张表的填写充分显示了在深度教研的实践中，参与评价的教师正以研究者的身份置身于教研活动之中，立足于深度教研的实践，以研究者的眼光审视和分析教学理论以及教学实践中的各种问题，对出现的问题进行探究，对积累的经验进行总结，从而对活动形成了规律性的认识，并促成了持续的教研反思和后续的教学实践改进。

3．教研改进

通过设计、应用深度教研工具，分析和反馈教研数据，教师们在校本教研中增强了学科专业素养和课堂教学能力，同时也提升了校本教研的品质。具体表现在以下三个方面。

其一，通过总结反思改进教学实践。课程改革推进中的优质教研活动能引导教师从更高的角度去把握教材、研究教材，转变教学方式，优化教学设计。以下是两位教师参与教研活动后的教学反思。

教师甲：通过参与深度教研系列活动，我领悟到在新教材中数学学科的知识编排，如函数这一章，首先是幂函数、指数函数以及对数函数，然后才是函数概念，这是符合学生从特殊到一般的认知规律的。在现实认知中,肯定是先通过大量特例提炼共性,形成模型,再归回实践,进一步进行研究。

教师乙:对于单元活动的设计,我在平时的上课过程中关注更多的是偏向于第一类的知识记忆。但通过今天的教研活动,我意识到了自己课堂上的一些问题,如学生习惯于将黑板上的内容抄写下来,缺乏自主经历知识的形成过程。我会在今后的课堂中尝试放慢教学节奏,让学生自主探究重点内容,转变自己教与学生学的方式。

其二,深度参与应用教研工具。教研活动的主体是每一位参与活动的教师,每一位教师在这次活动中的感受、收获可能都不尽相同。因此,让每一位教师进行填写,目的就是让学科教研活动真正服务于每一位参与活动的教师。要充分借助工具对活动过程进行清晰的细节记录,并能在活动后借助工具进行自我评价和反思,提出下一步教研的方向和内容。教研只有行动了,不怕改变,才能一步一个脚印,稳扎稳打地推进,不断深入。

其三,有效提升教研质量。只有主题明确,研究才能更有序。深度教研工具的引领,促使系列教研活动围绕主题,从统一认识到确定研究载体,再到教学实践,反思调整,使得每一次活动都有明确的分目标、具体的研究实践及对于后续研究的规划。正是这样围绕主题的教研设计和实施,才确保了教研的规划性、有序性、深入性和有效性。

三、案例列举:聚焦"思维成长课堂模型"构建的主题教研活动

(一) 教研活动概述

为了深入探讨教研活动中的"参与度"问题,应用深度教研"参与度"测评工具对教研活动进行研究,在此以一次校级跨学科联合教研活动——"思维成长课堂模型"主题教研活动为例,重点分析教师参与活动时的行为和状态,评估其参与度水平,为如何更好地提升教研活动中的"参与度"提供策略和建议。

上海市××中学始终关注学生在课堂上的主动参与和思维深度,连

续多年开展了课堂教学改革的实践探索。从2017学年的"反思课堂教学行为，关注学生的思维深度"，到2018学年的"优化课程，激活课堂"和2019学年的"激活课程，提升学科核心素养"，再到2020学年的"变革教学方式，提升课堂品质"，在这一系列主题研究的实践探索基础上，学校确立了2021学年的教研主题是"'双新'背景下思维成长课堂模型的构建与实践研究"。

在主题的引领下，各学科针对如何构建"思维成长课堂模型"，组织开展系列教研活动。借鉴深度教研理论与运作模型，各学科通过活动前的深度教研设计、活动中的深度教研实施、活动后的深度教研评估，有序展开实践研究；借助深度教研属性表和活动评估表的记录、修改和完善以及电子化平台的应用，教研活动更显系列化、结构化和深层次化。与此同时，学校形成了一个跨学科、跨学段、跨领域的教研团队，通过提炼学科研究的共性和分享学科研究的个性，不断完善和迭代"思维成长课堂模型"。

本次跨学科联合教研活动，是各学科阶段性教研成果的一次展示与分享，线下的活动主要由一个主报告、四个微报告和专家点评构成。主报告对活动主题进行了诠释，对学校整体层面的深度教研研究进程进行了介绍；四个微报告分别由数学、英语、地理和化学四门学科的教研组长/教师主讲，他们结合课例研究，讲述了具有学科特性的"思维成长课堂模型"的构建和应用；专家点评则聚焦于活动主题，在回应各学科实践困惑的同时，对如何加强主题研究的科学性、提升教研活动品质等问题提出了建议。

我们借助"参与度"评估表（参见本章第四节专题研究1：教研活动"参与度"的实践研究）分析出教师在本次活动中的行为参与、认知参与和情感参与的表现，并在此基础上形成对"参与度"水平的判断和分析。

（二）"参与度"测评分析

1. 对"主题"的理解认知和实践迁移是教师有效参与的重要标志

"参与度"中的认知参与，主要是指教师在活动中对教研主题认识和解释的能力、将活动与自身教学实践相结合的能力、对活动本身以及自已教学实践进行反思的能力、将活动的成果应用迁移到其他问题场景的能力等。因此,了解教师对活动主题的认识、理解、迁移是判断教师是否有效参与教研活动的重要标志。

调查显示,通过发言人对活动背景的介绍、对活动主题的阐释、对研究进程的说明,72%的教师认为"活动的主题导向了教学中的关键问题",83%的教师表示"能理解主题",70%的教师认为组织者是"根据主题设计了系列活动",65%的教师认为"系列活动之间的结构清晰"。梳理调查情况,如图5-19所示。

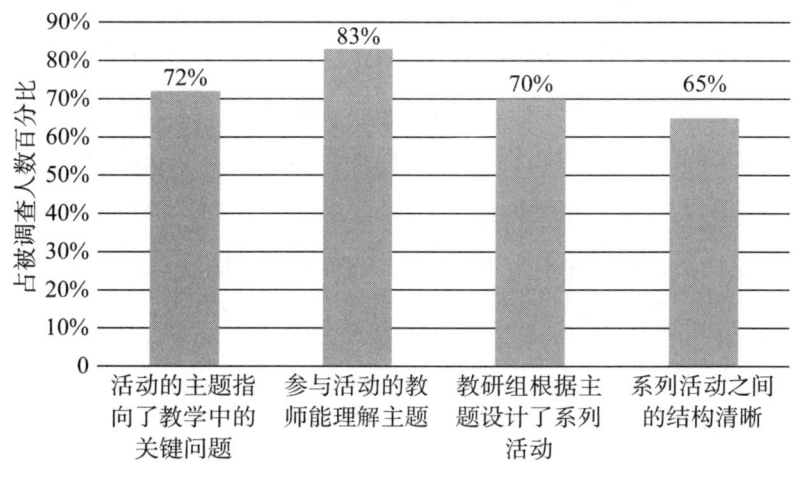

图5-19 教师对活动主题的认识

进一步分析教师对于活动主题的理解,并与自身教学实践相关联的情况发现,80%以上的教师认为活动主题是源自于课程教学实践和课题研究的需求,60%以上的教师认为该研究指向了教学中急需解决的问题、重难点问题。从对教研活动主题的认识来看,92%的教师表示活动主题与教学实践紧密相关,且80%以上的教师表示自己有相关的教学经验,在教学实践中也存在类似的困惑和困难。主题导引活动是活动设计的关键点,90%以上的教师表示活动的报告、点评、专家研讨等环节均能围绕主题展开,其设计的内容与主题相关联。

2. "工具"是引导教师有目的地参与活动全过程的重要支架

本次教研活动提供了系列活动工具表。活动策划预告单呈现了活动的时间、地点、学科、教研主题、参与对象等基本信息,同时也对选题动因、活动过程安排、活动效果预估、活动资源(材料)等进行了具体描述,清楚阐述了本次主题教研活动的整体概貌。活动观察单和活动反馈单采用"量化+质性"的评价方式,不仅要求填写人给每一个要素模块进行程度评分,还需结合现场活动观察的记录进行"举例说明"。

调查显示,90%以上的教师表示活动组织者会下发活动观察单和反馈单等工具;94%的教师表示通过活动策划预告单提前知晓了教研主题和内容,这有利于将自身在教学实践中遇到的困惑和问题融入活动中,增强了参与感;88%的教师表示通过填写现场活动观察单能够帮助自己聚焦活动的重点内容和环节;63%的教师表示工具表所积累的数据能为研讨环节的发言提供相关证据;70%的教师表示活动反馈单能帮助自己梳理和总结活动的成果和收获。梳理调查情况,如图5-20所示。

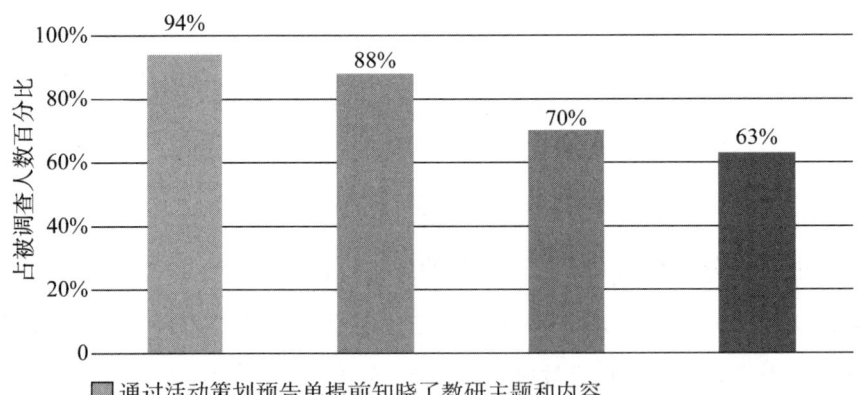

图5-20　教师对"教研工具"的认识

将各类工具表的作用和意义总结如下:其一,聚焦参与者的需求,形成教研主题;其二,总结教研活动的典型经验,并通过多渠道推广、辐射活动成果;其三,反思教研活动不足,为后续优化主题教研活动指引方向。

3."研讨"是推动教师进行思维碰撞与经验分享的关键环节

本次教研活动,教师参与规模较大,环节安排紧凑,但未能设计现场交流环节供教师研讨,大部分教师主要是以"学习者"的身份来参与活动。对于教师参与活动情况的调查显示,38%的教师表示活动对参与者没有任务要求,只需要在现场观摩;37%的教师表示活动中设计了具体任务,参与者可选择性参与,具体任务主要依托工具来实现,比如教师所获取的活动策划预告单以及现场填写的活动反馈单。调查结果如图5-21所示(1%的教师选择"其他",图中未显示)。

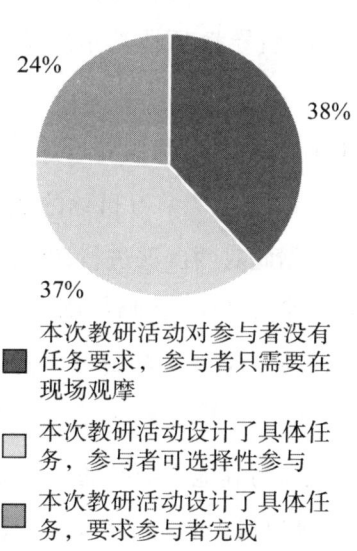

图5-21 教师在活动中的参与情况

教师现场参与感不高并非是个例,在问及教师对于常态教研活动的认识时,教师普遍反映自己是以"倾听者""观摩者"的身份参与活动,仅有24%表示会"经常"在活动中发表自己的看法。另外,累计有56%的教师表示,活动现场发言者谈论的内容较为宽泛和零散,自己很难从中提炼有效观点并借鉴,需要再加一定的"追问"和"解释"才能理解和消化。

因此，专题研讨应当成为主题教研活动的重要环节，组织者应留出较为充裕的时间，为全体人员提供交流、对话的机会，引导参与者全身心投入，认真思考，积极贡献智慧，开展理论与实践相结合的充分研讨。

4．"证据"是凝练团队智慧、促进经验提炼的有效载体

教研的要务是集聚教师智慧，通过共同研究解决教学问题。过去的教研活动，对于问题的探讨更多地源于教师的经验型思维，而经验型思维难以可视化，加上个体经验有差异，因此研究的边界不清晰，研讨的视角不集中，研究的结论不明确。当前的教研活动，大力组织基于"证据"的研讨，强调依托教研工具将经验的"碎片"集聚为观察的视角，转化为可操作的流程，引导教师从基于经验的分析转向基于证据的判断。

以同课异构的听评课活动为例，组织者设计了"同课异构"课堂观察表，让教师聚焦"学习目标的呈现""学习目标的达成""学习目标达成情况的评价"等三个方面，并据此对两次课进行课堂观察和记录证据，如表5-45所示。此后在听评课活动中，教师们围绕着教学目标的呈现、达成、检测展开研讨。调查显示，约76%的教师表示，课堂观察表的填写能够引导自己有针对性、有重点地观察课堂活动，使所获取的信息更加聚焦，列举的材料实证性更强，与其他教师间的互动更加和谐、交流更为顺畅。此外，有效记录和整理研讨中的"证据"，也是凝练团队智慧、促进经验提炼的有效方式。

表5-45 "同课异构"课堂观察表

观测指标	第一次课(新授)	第二次课(重构)
学习目标的呈现方式	课前和课中没有展示学习目标。在本堂课快结束的时候，教师强调了本节课学生应当掌握的重点。	上课开始前，用幻灯片分条将学习目标展示出来。

(续表)

观测指标	第一次课(新授)	第二次课(重构)
课中观察学生的学习目标是否达成	由于课前学习目标没有单独呈现,课中不能准确地对应记录下学生对于学习目标的达成情况。 从教师课堂提问与学生回答的情况来看,有60%左右的同学能够跟上节奏。	与本堂课所展示的学习目标直接相关的提问约有29次: • 学生齐答8次,全部答对 • 小组讨论回答3次,有1个问题由别的小组补充回答,其余2个问题都答对了 • 学生单独回答18次,13次回答正确,5次由老师和其他同学共同补充完成
课后抽检学生的学习目标是否达成	利用课后习题测验学生,抽检10个,5个完成。	利用课后习题测验学生,抽检10个,8个完成。
对本堂课学习目标达成情况的评价	教师在课结束前回顾了本节课的学习重点。对学生来说,由于学习目标没有明示,所以学习起来没有重点,影响了学习效率。	教师提前将学习目标展示出来,课中每讲到一个目标或者完成一个目标时,教师都会再次强调,这样有利于学生明确学习重点,强化记忆。

5."反思"是教师提升获得感、促进专业成长的重要手段

教师参与活动的感受度是衡量教研活动有效性的因素之一,而"感受度"可通过"参与度"中的情感参与指标加以说明。教研活动的情感参与主要指向两个维度,一是参与活动的情绪状态,二是在活动过程中参与者之间的交互体验。调查显示,约96%的教师表示对本次活动是"感兴趣"的,82%的教师表示在活动中感受到"知识共享",61%的教师感受到"群体认同",90%的教师直观感受到参与本次教研活动的收获比较大。

但是我们还需认识到,教师的教研获得感不仅仅是情感体验,还需要有对教研成果的学习、内化、转化等,这样才能真正实现专业发展。因此,活动"反思"是一个重要途径。调查显示,约90%的教师表示"会结合活动对自己的教学实践进行反思"。

一般而言，教师的教学反思主要体现在下列四个方面：提升教师课堂教学能力，提升教育科研能力，增强学科教学理论知识水平，提升校本研修能力。在有关反思情况的调查中，约73%的教师表示"通过本次活动我学到了新的教学理念/理论知识，且能够将其应用于未来的教学研究中"；71%的教师表示"会将学到的经验和成果运用到自己的课堂教学实践中，并有针对性地调整自己课堂教学的方法、策略"；58%的教师表示"通过学习掌握了规范的教研活动组织方法和策略，可以在今后的校本研修活动中进行实践"；44%的教师表示"会基于参与活动的学习体会和收获撰写相关的教育科研论文"。梳理调查情况，如图5-22所示。

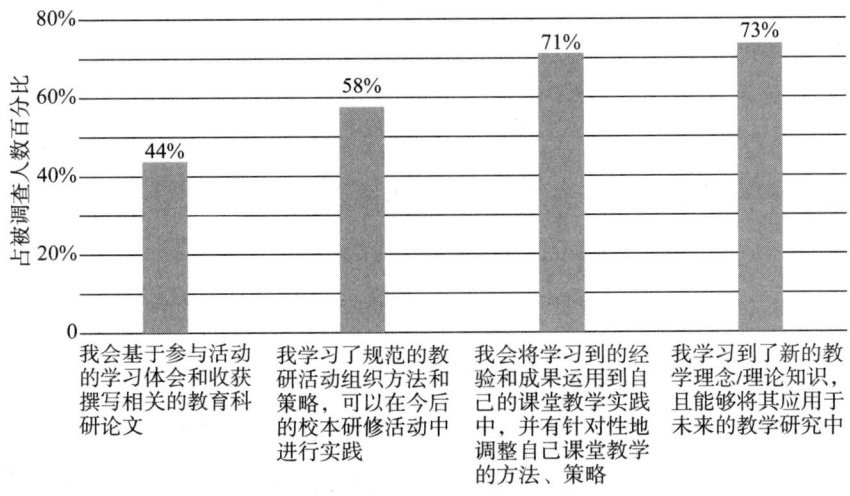

图5-22 教师参与活动后的"反思"情况人数百分比

在反思情况调查中也发现，教师对于教研成果应用于教学实践的反思较多，而对于教研活动本身的思考和反思较少，仅44%的教师表示对活动有疑惑或建议，45%的教师表示对于活动中提出的问题，自己有着不同的解决方法。因此，在提升教研活动品质的过程中，需要引导教师对教研活动的主题、内容、流程等进行主动思考，对教研活动中解决问题的方法进行主动思考或质疑，而不是简单地吸收与接纳。

（三）"参与度"水平分析

从行为参与的角度看，绝大多数教师是以"学习和倾听者"的身份参与教研活动,少数教师承担了"发言"和"点评"的任务。本次活动设计了活动策划预告单和活动总结反馈单。参与教师们能够通过活动策划预告单了解"思维成长课堂模型"的研究背景和进展情况。由于各学科所构建出来的模型各具学科特性,所以教师们很关注模型之间的异同点,对于相同的部分吸取他人经验,对于相异的部分思考研究的价值和意义。活动总结反馈单为教师如何更好地参与活动提供了观察点,如让教师思考"主题"与流程设计、内容呈现、成果提炼之间的关系。同时,教师在工具的引导下记录现场活动的证据,点评专家也能够结合证据来分析教研活动,总结教研成果。

从认知参与的角度看,参与活动的教师能较好地理解教研主题,能带着自身实践中的问题参与到活动中,并能结合现场活动的成果进行教学反思,思考有利于自身教学改进的策略和方法。如数学学科在对"思维成长课堂模型"中"实践探究"模块要素进行教学研讨时,教师期望学生通过自主探究与实践,自主构建知识联系,发展分析与解决问题的能力,达成思维成长的目的。为了达成这一目标,学科教师们通过交流教学实践中的经验,将问题分解为"实践探究的主体是谁""实践探究的载体是什么""数学思维怎么外显""数学思维如何提升"等核心问题,设计有梯度和序列化的问题链,为学生的数学思考提供阶梯,培养思维成长。

从情感参与的角度看,参与活动的教师对本次活动的感受度较好,能够利用教研经验的分享平台来反思和推进自己的教学实践,在教学理论、实践方法、工具应用、评价反馈等方面的学习中有所收获。教师能够积极对本次活动提出一个"亮点",提出一点"建议",同时也表示希望活动的组织者能够设计相应的环节,留出合适的时间,给大家交流教研活动的感受和思考。基于此安排后续事项,各学科教研组都开展聚焦本次活动的反思交流会议,对活动中分享的经验、提出的问题进行深入研究。

通过以上数据分析,且参照"参与度"的水平描述表,我们将本次教研活动中的"参与度"判定为"引导参与"水平层次。

(四) 提升"参与度"的有效策略

1. 提高教师参与活动的"决策权"

根据德国学者哈贝马斯(J. Habermas)的交往行为理论,"对话"展开的基础是对话双方平等,有积极、真诚的态度,通过沟通达到相互理解。因此,有效的教研活动必须营造一种开放、自由的对话氛围,在理解中达成共识,让教师有更多的发言权和决策权。只有教师主动把自己在教学中形成的个人实践智慧与他人一起分享,使不同个体之间的沟通成为可能,才能为校本教研价值的发挥提供可能性。

2. 拓宽教师参与活动的"主体表达"

在教研活动中,应当对参与教师进行分组和任务分工,以完成相应的教研任务。比如,在课例研修活动中,让执教者交流自己的设计思路以及上课后的感受;由参与备课的教师讲述磨课过程中遇到的困惑、解决的策略等;让听课者围绕教研主题,选择一两个小话题发表自己的观点,可以是对执教教师的追问,也可以是对评课教师相同观点的补充,还可以是对评课教师不同观点的辩论。这样,让每一位参与者都有表达自己观点的机会。此外,网络教研作为一种特殊的以"时间换空间"的新形态,能够给予不同维度、不同需求、不同个性的教师表达的机会,每一位教师都可以提出自己教育教学中的困惑,其他老师都可以帮忙讨论解决,既拓宽了参与者的范围,也增强了参与者主体表达的多元可能性。

3. 加强教研设计的针对性和实效性

教研活动的组织者和策划者应当了解相关教师,关注教师的心理需求和专业发展需求,设计能吸引教师参与的教研活动。了解需求、聚合问题的过程,也是将有着"共同需求和愿望"的教师以"手拉手"的方式组成合作共同体的过程,组建过程既把握了教师需求,也在承认差异的基础上帮助教师认识自己。此外,课程改革的推进、新教育技术的引入、教学方式的转变,也促进了新时代教研的转型。教研活动的设计不仅仅要考虑"如何上课",还要关注课程的目标、设计、内容、实施和评价等方面,以及如何学习并运用教育理论知识提升教研的有效性。

4. 建立有助于提升"参与度"的教研制度和机制

深度教研以教师的内在需求为出发点，以任务作为合作的驱动力，以外力支持作为合作的后备军，是注重合作、反思和反馈的高质量活动。鼓励教师尝试"自下而上"地建立教研共同体，教研团体可以由对教育教学中某些问题具有共同兴趣的教师自发组成，使其有着与生俱来的共同愿景和共同发展提升的需要。在活动中，可通过重构教研活动的组织方式来提高教师的参与度，比如在教师分组讨论的基础上建立发言人汇报机制、点评机制等，给教师提供更多深度交流的机会。

教研以教师的发展为本，教师是教研的主人。研究表明，关注教研活动中教师的"参与度"，应当对其参与行为提出要求和进行引导，使人人参与、人人发表意见成为可能。而教研更深层次的意义在于，教师能以"学习者"的身份，与活动中的各环节、各要素、各种思想进行积极的对话、反思、批判和重构，并将其内化为自己的教学实践经验。深度教研应推动教师从"要我参加"到"我要参加"，从"完成任务"到"追求发展"，不断提高教师的教研学习力，让教师收获专业成长的幸福感。

参考文献 BIBLIOGRAPHY

1. Merseth K K.教学的窗口:中学数学教学案例集[M].鲍建生,等译.上海:上海教育出版社,2001.

2. 赵才欣.有效教研——基础教育教研工作导论[M].上海:上海教育出版社,2008.

3. 陆伯鸿.上海教研素描[M].上海:上海教育出版社,2017.

4. 陈希镇.如何正确使用信度估计公式[J].心理学报,1991,23(1):41-49.

5. 侯杰泰.信度与度向性:高alpha量表不一定是单向度[J].教育学报(香港),1995,23(1):142.

6. Kuh G D. The National Survey of Student Engagement: Conceptual and Empirical Foundations [J]. New Direction for Institutional Research,2009(141):5-21.

7. 倪士光,伍新春.学习投入:概念,测量与相关变量[J].心理研究,2011,4(1):81-87.

8. 黎长岭.学校教研活动中存在的问题与改进策略[J].教育理论与实践,2013,33(2):18-19.

9. 胡敏.在线学习中学生参与度模型及应用研究[D].武汉:华中师范大学,2015.

10. 徐华聪.S中学校本教研活动中教师参与研究[D].太原:山西师范大学,2018.

11. 陆伯鸿.深度教研的研究与实践[J].上海课程教学研究,2019(12):67-75.

12. 陆伯鸿.教研活动质量评估运作模型[J].上海课程教学研究,2020(5):3-9,21.

13. 陆伯鸿.深度教研运作模型及其实践应用[J].中学物理,2021,39(7):2-8.

14. 刘良华,谢雅婷.校本教研在中国的演进[J].全球教育展望,2021,50(11):3-14.

15. 陆伯鸿.深度教研:系统设计与实践推进[J].上海课程教学研究,2022(3):3-11.

16. 赵雪晶.深度教研工具引领下的教研变革与实践探索[J].上海课程教学研究,2022(4):21-29.

后 记
POSTSCRIPT

上海教研围绕基础教育的课程编制、实施、评价及完善,通过服务教育决策、推进课程教学改革、指导教师教学实践与促进教师专业发展,为提高学科教育教学质量发挥了不可替代的重要作用。

随着社会的变革和课程教学改革的不断深化,教研工作需要实现适应性转型。在新的时代背景和相应教研要求下,市教研室积极探索和构建上海教研实践范式,以适应教研转型发展的需要,使教研焕发新的活力,体现新的价值。

在上海教研实践范式的推展与应用过程中,对标教研范式的引领性、可操作性和公认性等特点,上海教研立足新高度、放眼新视野,积极调整工作策略和思路,通过重新审视教研现状,发现有些新的教研问题值得进一步研究和解决。例如:教研活动的主题如何更加鲜明,并产生持续探索、研究的效应;教研活动如何促使教师的深度参与和深度体验。面对教研的现状和问题,教研人员认识到,教研活动是促进学科教育发展和教师专业发展的有效途径,应从教研活动的内涵着眼,包括研究主题的高度、活动涵盖的广度、探讨问题的深度和教师的参与度;应聚焦教研活动的整体设计和规范操作,加强对教研活动质量的评估和分析,重视教师参与教研活动的自主性、获得感。

上海教研立即展开了行动,指向教研活动质量提升与教师专业发展的"深度教研"应运而生,这项研究的基本思路是通过对教研活动的系统设计、规范操作和质量评估,提升教研活动的品质,增强教研深度。2019年,"深度教研的研究与实践"被立项为2019—2021年上海市第四期"双名工程"高峰计划的攻坚课题(编号为SMGC-201904-A36),并强化了课题组活动的机制,持久深入地开展课题研究。

"深度教研的研究与实践"课题组的主持人是陆伯鸿,主要成员有市教研室的赵雪晶、徐睿、赵尚华、张汶等。课题研究工作历经基础研究、模型构建、实践应用等阶段,完成了对深度教研的理论研究和实践推进。

在基础研究阶段,课题组基于上海市教研活动现状调研结果,确定了研究的问题和起点;通过理论研究和文献梳理,厘清了深度教研的概念定义。在模型构建阶段,基于对深度教研概念的认识和理解,确定将团队、资源、问题、主题、活动、评估等作为深度教研活动的基本要素,构建了深度教研的运作模型即"螺钉模型",并探索了深度教研的操作路径和方法。在实践应用阶段,研发了深度教研系列活动的通用工具和专用工具,以工具引导教师规范、有序地组织开展教研活动,有效参与和评价教研活动,充分发挥教师的主体性和能动性,促进系列活动及环节的有效落实,从而实现深度教研。

本书的编撰是对课题研究成果的总结和提炼,是对深度教研概念解析、模型构建、工具研发、质量评估、实践推广的系统论述。全书分为五章,回答了关于深度教研"为什么做""做什么""如何做""做得怎样"等重要问题。

第一章"深度教研实践价值",关键词是"品质"。深度教研旨在提升教研品质及实效,教研活动质量与教师专业发展共同体现教研品质,让教师成长与教研质量同音。

第二章"深度教研运作模型",关键词是"模型"。深度教研运作模型是推动教研活动扎实、有序开展的实践依据,让教研模型与实践依据同轨。

第三章"深度教研质量评估",关键词是"评估"。深度教研活动持续推进的驱动力源于评估,有效的评估和反馈是教学反思与改进的基础,让总结评估与教研跟进同行。

第四章"深度教研工具研发",关键词是"工具"。教研活动走向深度的重要助力来自教研工具,应使用教研工具以保证教研活动品质,让教研工具与教研活动同频。

第五章"深度教研应用推进",关键词是"推进"。在深度教研实践推进中,应更加关注教研活动中所有成员的参与性,要创造条件和提供机会让他们深度参与,让教师经历与教研路径同程。

本书的撰写工作由课题组成员合作完成。其中,第一、二、三章由陆伯鸿撰写;第四章由赵雪晶、徐睿、赵尚华、张汶合作撰写,所含工具填写实例由基层项目学校提供;第五章的撰写者,第一节是赵尚华,第二节是徐睿,第三节是张汶,第四节是赵雪晶。

上海市教委教研室原主任徐淀芳对深度教研的研究及总结工作给予了大力支持和热情指导,并为本书作序;上海市教委教研室主任王洋对深度教研的实践推进及本书编写工作给予了大力支持和热情指导,谨此向他们致谢。《上海教育丛书》为出版本书提供了良好条件,《上海教育丛书》编委会主编尹后庆为本书付梓倾注了许多心血,在此表示衷心感谢。上海教育出版社责任编辑李祥在编辑出版方面予以具体指导,谨致深挚谢忱。

本书所呈现的内容,是深度教研课题组多年探索和刻苦研究的成果,也是在上海教研领域勇于探索和实践的教育同仁的智慧结晶和经验积累。我们对投入深度教研的研究和实践的教研员、教师们表示真挚的感谢,对历代教研人真诚奉献事业和创造性工作表示深深的敬意!

古有云,知之真切笃实处即是行,行之明觉精察处即是知。深度教研在向内求索、向外探究的过程中,仍需立足教育教学实践,持续优化工具和方法;还应提炼和总结优质教研活动的操作路径、策略方法和成果经验,借助信息化手段"以评促研、以研增质";更要关注合作共同体中教师的活动参与度和获得感,促进教师专业发展。期待各学段、学校、学科在校本教研的探索和实践中,锻造一批优秀的教研组、备课组,促成广大青年教师从专业走向卓越,推动上海教研走向精准、实现优质高效,为基础教育课程改革发展夯实教研基础作出更大贡献。

  由于我们对深度教研的探索和研究还不够充分,自身的认识及能力又有局限,因此书中对于深度教研的有关描述肯定有欠缺,某些内容可能还存在谬误或表述不当之处,敬请读者谅解并给予批评指正。上海教研正在向深度教研稳步推进,随着深度教研的研究和实践不断深入,依托其不断丰富和发展的成果,人们对于深度教研的认识定将更加全面和深刻。在读者的关心、帮助下使本书更加充实和完善,是我们的殷切期盼。

"深度教研的研究与实践"课题组

2022 年 8 月

图书在版编目（CIP）数据

走向深度的上海教研/陆伯鸿等著.—上海：上海教育出版社，2022.12
（上海教育丛书）
ISBN 978-7-5444-5929-7

Ⅰ.①走… Ⅱ.①陆… Ⅲ.①基础教育－教学研究－上海 Ⅳ.①G632.0

中国版本图书馆CIP数据核字(2022)第230444号

责任编辑　李　祥　徐青莲
封面设计　陈　芸
版式设计　金一哲

上海教育丛书
走向深度的上海教研
陆伯鸿　等著

出版发行	上海教育出版社有限公司
官　　网	www.seph.com.cn
地　　址	上海市闵行区号景路159弄C座
邮　　编	201101
印　　刷	上海昌鑫龙印务有限公司
开　　本	700×1000　1/16　印张 16　插页 3
字　　数	211 千字
版　　次	2022年12月第1版
印　　次	2025年3月第4次印刷
书　　号	ISBN 978-7-5444-5929-7/G·4816
定　　价	48.00 元

如发现质量问题，读者可向本社调换　电话：021-64373213